Über dieses Buch In phänomenologischer Verfahrensweise werden natürliche Erscheinungen wie Nordlicht, Blitz und Regenbogen als Metamorphosen des Lichts betrachtet. Goethes Begriffe von Polarität und Steigerung, beispielhaft angewandt auf weitere alltägliche und seltene Naturphänomene, erweisen ihre Gültigkeit – und zeigen auch darin den Erdumkreis als einzigartige Umgebung des Menschen.

Der Autor Walther Bühler, 1913 geboren, studierte Medizin in Freiburg, war Mitbegründer und Leiter des Paracelsus-Krankenhauses in Bad Liebenzell-Unterlengenhardt. Er ist Vorstandsmitglied der deutschen anthroposophischen Gesellschaft sowie der Gesellschaft anthroposophischer Ärzte. Seit 1968 wirkt er als Dozent und Vortragsredner. Bisher veröffentlichte er ›Der Leib als Instrument der Seele‹, ›Meditation und Erkenntnisweg‹, ›Der Mensch zwischen Übernatur und Unternatur‹.

Walther Bühler

Nordlicht, Blitz und Regenbogen

Metamorphosen des Lichtes

Fischer Taschenbuch Verlag

Perspektiven der Anthroposophie

Herausgegeben von
Johannes M. Mayer und Wolfgang Niehaus

Überarbeitete Ausgabe
Fischer Taschenbuch Verlag
Juni 1982
Umschlagentwurf: Jan Buchholz/Reni Hinsch
Lizenzausgabe mit freundlicher Genehmigung
des Philosophisch-Anthroposophischen Verlages,
Goetheanum, Dornach/Schweiz

Gesamtherstellung: Hanseatische Druckanstalt GmbH, Hamburg
Printed in Germany
680-ISBN-3-596-25515-5

Inhalt

Vorwort

Die Anregung zur vorliegenden Arbeit empfing der Verfasser in den Kriegsjahren, und zwar in Lappland, jenseits des Polarkreises. Der wochenlange Schein der Sommersonne um Mitternacht, abgelöst von den stundenlangen Farbenfluten der vorangehenden und nachfolgenden Nächte, in denen sich Abend- und Morgenröte um Mitternacht die Hände reichten, sowie der Absturz in die winterliche Dauerfinsternis der Polarnacht, erhellt von den Flammen des Nordlichts, sind unvergeßliche Erlebnisse. Ihre gedankliche Verarbeitung führte zur vorliegenden Studie über die Wege und Metamorphosen des Lichtes, welche in einem den Erdball umspannenden Überblick sich rundet.

Zunächst in Vorträgen dargestellt, dann in einem Beitrag *Metamorphosen des Lichtes* in dem Buch *Goethe in unserer Zeit*[1] zusammengefaßt, sollen die Betrachtungen – um mehr als das Doppelte erweitert – fortan in vorliegender Form zugänglich bleiben und zu eigenen Naturbeobachtungen im Bereich der atmosphärisch-optischen Erscheinungen anregen. Dies scheint in unserem technischen Zeitalter um so notwendiger, als die Astronauten und ihre von den Weltraumflügen mitgebrachten Fotos uns den Erdball in bisher nie geschauter Weise als Ganzes vor Augen stellen. In dieser Ausweitung des Blickes, die zugleich Veräußerlichung ist, sollte jener Aspekt der Verinnerlichung und Vertiefung nicht fehlen, der sich der Imaginationskraft des phänomenologisch vorgehenden Betrachters ergibt. Kann doch vor seinem inneren Blick eine dreigliedrige, globale Lichtorganisation erstehen, die ihrerseits ein sprechender Ausdruck der Dreigliederung des Organismus Erde ist. Der Leser lernt so in neuer Weise unseren Planeten als menschengemäße Heimatstätte kennen und schätzen, für die uns eine weltweite Verantwortung obliegt.

Das Himmelsblau

Herrscher der Welt! Du ewige Nacht!
Durch alle die Welten
Schwingt sich auf Flügeln des Lichts
Dein unermessener Glanz.

Kepler, Gottes-Hymne

Goethe hat die Farben Taten und Leiden des Lichtes genannt, Siegestaten, die es bei seinem Eindringen in die Materie vollbringt, und Leiden, die es bei der Auseinandersetzung mit der an letztere gehefteten Finsternis erduldet. In der Tat gibt es im gesamten Kosmos kaum einen größeren Gegensatz als den zwischen dem Wesen des Lichtes, das sich dynamisch nach allen Seiten des Raumes mit unvorstellbarer Geschwindigkeit, kugelsphärenartig und nimmer ruhend weitet, und der trägen Natur der Materie, die sich statisch zur lastenden, ruhenden und in sich selbst erstarrten, undurchsichtigen Felsenmasse zusammenzieht. Imponderables und Ponderables, Unbegrenztes und Begrenztes, zentrifugale und zentripetale Tendenzen prallen aufeinander. Jene durchhellen den Raum, diese bergen die Dunkelheit. Indem jedoch die Materie das Licht nicht nur als Fels zurückwirft, sondern als Kristall durch sich hindurchläßt, oder gar als farbenfunkelnder Edelstein aufzuleuchten vermag, zeigt sie eine geheime Beziehung zum Licht, die sie in dem durchsichtigen, beweglichen, flüssigen Element noch stärker offenbart. Sie steigert dieselbe in der Verdunstungsfähigkeit und in der flüchtigen Beweglichkeit der sich nach allen Seiten des Raumes ausbreitenden, ideal durchsichtigen Gasstofflichkeit zur innigsten Verwandtschaft. Der schier unvereinbare Gegensatz zwischen Licht und fester Materie wandelt sich zur fruchtbaren Begegnung im Rahmen einer echten Polarität, zwischen der Wäßriges und Luftiges als »merkurielle«[2] Faktoren vermitteln. Diese lassen so den inneren Reichtum und die Schaffenskraft des Lichtes in Erscheinung treten; es spricht vor allem in den mannigfaltigsten Farben sein Wesen aus und vermag in den organischen Gestalten seine lebenweckende Kraft zu offenbaren.

Aber nicht nur in den Farben, auch in vielen anderen Phänomenen der anorganischen Welt wie den Dämmerungserscheinungen, in Blitz und Nordlicht treten uns die Taten und Leiden des Lichtes entgegen. Es sollen diese Erscheinungen im Sinne des methodischen Vorgehens Goethes betrachtet werden. Indem Goethe in den Phänomenen selbst die Lehre erblickte, näherte er sich dem Erfassen der ätherischen Bildekräfte. In seiner anschauenden Urteilskraft keimte bereits die Fähigkeit zur Imagination. »Für die abendländische Zivilisation ist der Weg in die übersinnlichen Welten der der Imagination... Dieser Weg... kann so vollzogen werden, angemessen unserer abendländischen Zivilisation, daß man versucht, sich ganz der äußeren phänomenologischen Welt hinzugeben, diese unmittelbar auf sich wirken zu lassen mit Ausschluß des Denkens, aber so, daß man sie doch aufnimmt..., daß man wirklich im strengsten Sinne sich heranerzieht zu dem, was ich charakterisiert habe als den Phänomenalismus, als das Durcharbeiten der Phänomene..., wenn man die Begriffe verwendet hat, um die Phänomene anzuordnen, um die Phänomene hin zu verfolgen bis zu den Urphänomenen, dann bekommt man dadurch schon eine Erziehung... Hat man sich gewöhnt, kontemplativ lange und immer länger auf *einem* Bilde, das man ganz durchschaut..., zu ruhen, und wiederholt man diesen Vorgang immer wieder und wiederum, so verstärkt sich die innere Seelenkraft, und man wird zuletzt gewahr, daß man in sich selber etwas erlebt, von dem man vorher eigentlich keine Ahnung gehabt hat.«[3]

An den Dämmerungserscheinungen kommt uns in vorzüglicher Form die vermittelnde Rolle zum Bewußtsein, welche die stets von Wassergehalt durchsetzte Atomsphäre bei der Begegnung des Lichtstroms der Sonne mit der an sich finsteren Erdballfeste spielt. Ohne Lufthülle, die das Licht in Durchsichtigkeit voll in sich aufnehmen kann und durch Brechung, Beugung und Reflexion verarbeitet, würde die Nacht ohne jede Vorbereitung – blitzartig – mit Sonnenaufgang von einem blendend hellen Tage abgelöst. Auf dem atmosphärelosen Monde herrschen tatsächlich solche Verhältnisse. Ohne die merkurielle Funktion der Lufthülle würden uns die Begriffe Morgen und Abend entschwinden, und wir säßen mittags in einem Zimmer mit Ostfenstern in völliger Dunkelheit und erblickten schwarzen, sternbesäten Himmel. Erst die wundersame Tätigkeit der Lufthülle, die das Licht sogar an noch nicht vom direkten Sonnenstrahl erhellte Bereiche weitergibt, ermöglicht, daß uns bereits *vor* Sonnenaufgang vom Norden, Süden, ja sogar von der dem Sonnenaufgang entgegengesetzten Stelle, vom Westen, beziehungsweise von allen Seiten des Himmels verwandeltes Sonnenlicht entgegenströmt. Die Luft wirkt dabei zugleich als geheimnisvoller tausendfältiger Spiegel, der das Licht zerstreut und überall hinwirft. Sie verzweigt und verästelt einen Teil jeden Lichtstroms zu einem riesenhaften, baumkronenartigen Gebilde und baut so das Strebepfeiler- und Gitterwerk des blau schimmernden Gewölbes um uns auf. Dieses reicht, von der Atmosphäre vermittelt, weit in die Nachthälfte des Planeten hinein. Anstelle einer scharfen Grenzlinie entsteht so, allerdings auf Kosten der Nacht, eine breite Übergangszone, welche die Lebewesen auf den jeweils bevorstehenden Umschwung, der bei Tier und Mensch ja tief in das Bewußtsein eingreift, vorbereitet.

Der durch den täglichen Sonnengang in seiner Struktur sich fortwährend ändernde blaue Lichtdom[4] sendet so viel *diffuse* Helligkeit aus, daß eine Horizontalfläche von ihm zu gewissen Tageszeiten ebensoviel Licht empfangen kann wie von der direkten gleichzeitigen Sonnenbestrahlung. Er stellt so gleichsam eine zweite, völlig verwandelte, ins Luftmeer ausgegossene Sonne dar. Die blendende Fülle des direkten, von *einem* glühenden, flimmernden *Zentrum*, der weißen Sonnenscheibe, ausgehenden Lichtes ist gemildert und strömt uns universell und gleichmäßig aus einer halbkugelförmigen, blauenden, reinen *Sphäre* zu. Diese gewaltige Verwandlung eines geradlinig hinstrahlenden, zentralen in ein allseitig hereinwebendes, sphärisch auftretendes Element ist eine der grundlegendsten Metamorphosen des Lichtes. Alle anderen Formen seines Auftretens spielen zwischen dieser Polarität hin und her.

Nur dieses diffuse und zerstreute Licht macht möglich, daß Pflanzen in engen Tälern oder Klüften oder an sonstigen Stellen, wo das direkte Sonnenlicht kaum oder gar nicht hinkommt, zu gedeihen vermögen.

In besonders eindrucksvoller Weise kann uns die Bläue des Himmels zum Bewußtsein kommen an einem windstillen, wolkenlosen Tag im Hochgebirge. Wir versetzen uns in der Vorstellung auf einen über 3000 m hohen Gipfel jenseits der Vegetationsgrenze. Unser Auge erblickt ringsum von der Erde nur noch leblose felsige Massen und düstere Abgründe, unregelmäßige zackige Grate und unzählige Spitzen, die willkürlich aufgebrochen, durch- und übereinander gewürfelt scheinen. Ein Bild des wüsten Chaos zeigt sich, das unsere Seele beunruhigt, erschreckt, ja gleichsam verwundet. Gegenüber dieser lastenden Schwere mutet uns das blaue, reine Rund des schwebenden Himmelsgewölbes ganz anders an. Das ununterbrochene, einheitliche Blau, welches in vollendetem Gleichmaß das tausendfach differenzierte, irdische Gipfelmeer umschließt, beruhigt unser Gemüt und scheint es in seine milden, himmlischen Arme schützend aufzunehmen. So wehen uns Erde und Kosmos, finsterer Abgrund und lichtvolle Höhe mit dem Schauer des Todes und dem Hauch der Ewigkeit zugleich an. Wir fühlen uns an die Worte Faustens erinnert, der jenseits der Todesschwelle, zum Himmel aufsteigend, im Anblick der Gottesmutter niederkniet und in die Worte ausbricht:

Höchste Herrscherin der Welt
Lasse mich im blauen
Ausgespannten Himmelszelt
Dein Geheimnis schauen.

Der Grund, warum uns das blaue Rund in dieser Weise ergreifen kann, ist geisteswissenschaftlich betrachtet der, daß hier in der physischen Welt der sinnlichen Wahrnehmung »bereits das Walten des Übersinnlichen beginnt. Und im Kosmos ist es so, daß schon das Übersinnliche wahrnehmbar wird, nur muß man ausfindig machen, wo es wahrnehmbar wird«.[5] Im Anblick des Himmelsblaus, wo die gegenständliche Ebene in der Gegenstandslosigkeit entschwindet, tastet sich nämlich unser Auge an die Grenze der physisch-materiellen zur ätherisch-übersinnlichen Welt heran. »Wenn Sie, wenn ich mich so ausdrücken darf, ein kleines Stück Äther anschauen, so sehen Sie mit den physischen Sinnen nichts, Sie sehen einfach durch; es ist der Äther wie nichts. Wenn Sie aber den gesamten Umkreis des Äthers ins Auge fassen, so ist der Grund, warum Sie den blauen Himmel sehen, der eigentlich ja auch nicht da ist, der, daß Sie da das Ende des Äthers wahrnehmen ... Wir sehen zunächst durch den Äther durch. Das läßt er sich gefallen zunächst, aber er macht sich doch selber wahrnehmbar in der Bläue des Himmels. Das Dasein der Bläue des Himmels wird daher für die Wahrnehmung des Menschen in der richtigen Weise ausgedrückt, wenn man sagt: Der Äther ist zwar nicht wahrnehmbar, aber er erhebt sich zur Wahrnehmbarkeit wegen der großen Majestät, mit der er sich im Weltenall hinstellt, indem er sich kundgibt, offenbart in der Himmelsbläue.«[5] In ihr geht die Endlichkeit in die Un-Endlichkeit über. An dieser geheimnisvollen Nahtstelle zweier Weltenebenen begegnen wir zugleich dem inneren Bezug, den das *Licht* zum *Leben* hat. Denn der Weltenäther ist der kosmische Mutterschoß alles irdischen, organischen Lebens.

Ein Hauptmittel des geisteswissenschaftlichen Schulungswegs, um die ätherische Welt in ihrer Realität betreten und die individualisierte ätherische Lebensorganisation der Naturwesen beobachten zu können, ist neben der Meditation die Ausbildung dessen, was Goethe in seiner Farbenlehre erstmals das sinnlich-sittliche Fühlen genannt hat. »Man gelangt immer mehr zu der Anerkennung dieser Äther- oder Lebenswelt hinter der physischen Natur dadurch, daß man beginnt, die ganze Welt, die um einen herum ist, moralisch zu empfinden.«[6] Wohl nicht zufällig geht Rudolf Steiner bei der ausführlichen Schilderung einiger charakteristischer Beispiele dieses moralischen Naturerlebens vom Anblick der Himmelsbläue aus. Selbstverständlich verlangt das Aufleben der gemüthaften Seelenresonanz auf einen Natureindruck die konzentrierte Hingabe an denselben bei Auslöschen aller sonstigen, störenden Außen- oder Innenerlebnisse. Das unbefangene, intensive Aufgehen in der Wahrnehmung kann dabei einen solchen Grad erreichen, daß letztere sich gleichsam selber aufhebt, indem die Gemütsantwort der Seele sich bildet: »Dann tritt ein gewisser Moment ein, ein Moment, wo aufhört das Blau des Himmels, wo wir nicht mehr Blau sehen... Wenn wir aber uns auf unsere eigene Seele besinnen in dem Moment, wo das Blau aufhört für uns blau zu sein, dann werden wir in unserer Seele eine ganz bestimmte Stimmung bemerken: Das Blau verschwindet gleichsam, eine Unendlichkeit tut sich vor uns auf, und in diese Unendlichkeit hinein will eine ganz bestimmte Stimmung unserer Seele, ein ganz bestimmtes Gefühl, eine ganz bestimmte Empfindung unserer Seele sich ergießen in die Leerheit, die da entsteht, wo vorher Blau war. Und wollen wir diese Seelenempfindung, wollen wir das, was da hinaus will in alle unendlichen Fernen, wollen wir das benennen, dann haben wir dafür nur ein Wort: fromm fühlt unsere Seele, fromm gegenüber einer Unendlichkeit, hingegeben fromm. Alle religiösen Gefühle der Menschheitsentwicklung haben im Grunde genommen eine Nuance, welche das in sich schließt, was ich jetzt hier fromm nenne. Fromm hingegeben, religiös gestimmt, moralisch ist der Eindruck des blauen Himmelsgewölbes geworden. Eine moralische Empfindung hat das Blau, das weithin sich dehnt, in unserer Seele hervorgerufen: Indem es als Blau verschwunden ist, lebte auf in unserer Seele eine moralische Empfindung gegenüber der äußeren Welt.«[6]

Unsere folgenden Beobachtungen der weiteren Metamorphosen des Lichtes sollen neben der Übung in einer phänomenologischen Betrachtungsweise, welche die »anschauende Urteilskraft« an die in der Erscheinung webende Idee heranführt, zu solchem sinnlich-sittlichen Naturerleben anregen.

Blitz und Nordlicht

Michael:
Und Stürme brausen um die Wette,
Vom Meer aufs Land, vom Land aufs Meer,
Und bilden wütend eine Kette
Der tiefsten Wirkung ringsumher.
Da flammt ein blitzendes Verheeren
Dem Pfade vor des Donnerschlags:
Doch deine Boten, Herr, verehren
Das sanfte Wandeln deines Tags.

Goethe, Faust I, Prolog im Himmel

Um die Mittagszeit erreicht die Fülle der einstrahlenden Sonnenkräfte ihr Höchstmaß. Die mit dem Licht zugleich hereinströmende Wärme steigert sich im Laufe des Jahres zu sommerlicher Mittagsglut, welche die Luftmassen durchwirkt, mit Auftriebskraft versieht und sie in aufsteigenden Luftströmen der Erdenschwere zu entreißen sucht. Da ballen sich plötzlich weiße Gebilde zusammen, durchbrechen das einheitlich ausgespannte reine Blau, schießen pilzartig in die Höhe und verfinstern die Sonne. Wir stehen im Schatten. Bald ist das blaue Lichtgewölbe ganz verschwunden und uns bedrängen an seiner Stelle dunkle, graue, wogende Wolkenmassen. Mächtig stemmen sich die Zentralkräfte der Erde dem Kosmos entgegen und bringen ihre zentripetalen Eigenschaften in dem zur Wolke kondensierten Wasserdunst und in dem fallenden, der Schwere folgenden Tropfenstrom zum Ausdruck. Dieser kann sich zum wolkenbruchartigen Platzregen oder gar zum Prasseln herniederstürzender Hagelmassen verdichten. In dieser Verdichtung der lichten, durchwärmten Sommerluft über den weiß glänzenden Wolkenball bis zum flüssigen Tropfen und zum festen eisigen Korn versucht die Erde die Rune ihrer Finsterniskraft in den Himmel hineinzuprägen. Die dabei zutage tretenden Verdichtungsstufen im meteorologischen Bereich wiederholen zugleich in abgekürzter Form den Werdegang der Erde durch die Jahrmillionen.

Wohin aber ist das Tageslicht, der Grundbaustein des blauen Gewölbes, entschwunden? Es entringt sich mit der ganzen Kraft seines sonnenhaften Ursprungs dieser Finsternis, zerreißt die Wolkendecke und durchflammt als zuckender, greller Feuerstrahl die verdunkelte Atmosphäre. Der *Blitz* tritt in Erscheinung. In ihm ist das Licht in extremster Weise verdichtet und zur Punktgestalt des Funkens zusammengezogen. Die Verarbeitung des Lichtstroms zur milden Himmelsweite scheint rückgängig gemacht und im grellen Feuerstrahl ins Gegenteil umgeschlagen zu sein. Statt frei hinzustrahlen, unabhängig von der Schwere oder anderen Stoffgesetzen, schlägt der Blitz von Wolke zu Wolke, von der Wolke zur Erde oder von der Erde in die Wolke zurück. Es tritt das Licht auf wie gefesselt an die Gewalten der Stoffzusammenballung, die es über die Gesetzmäßigkeiten der elektrischen Ebene eingefangen haben. Denn »Elektrizität ist Licht in untermateriellem Zustand. Da ist das Licht in der schwersten Weise zusammengepreßt«.[7] Das ruhige Gleichmaß, mit dem das Himmelsrund uns sphärisch umleuchtet, ist zum grellen, zentralen, ruckartigen Aufleuchten, zum *Blitzen*, verzerrt, das uns schlagartig der Finsternis entreißt, um uns im nächsten Augenblick wieder in sie hineinzustürzen. »Die Blitzentladung ist keine oszillatorische«, also keine rhythmische, »wie man früher vielfach annahm, sondern eine aperiodische, aber sie erfolgt nicht in einem Schube durch die ganze Blitzbahn, sondern ruckweise nach jeder Teilentladung weiter vorstoßend.[8] Dabei können im gleichen Blitzkanal 15 und mehr Entladungen stattfinden. Dem überkurzen *Tag*, den der Blitz schafft, er dauert 1/1000 bis höchstens 1/50 Sekunde, geht kein vermittelnder Morgen voraus, ihm folgt keine ausgleichende Abenddämmerung. In dieser Hinsicht ist der Blitz, das ganze Gewitter, das Urbild eines ent-merkurialisierten Wirkens der Elemente.

Zur Eigenart des Blitzes gehört auch seine unregelmäßige Gestalt, die im allgemeinen als Linienblitz auftritt. Der richtungsweisende, geradlinig hinstrahlende Fluß des Sonnenlichtes ist verlassen und hat sich zu einer absolut unregelmäßigen, sich fortwährend ändernden Bahn verzerrt, die wir oft als Zickzackbahn symbolisieren. Diese

»in sich meist zusammenhängende, aber in ihrer Richtung vielfach gebrochene Blitzlinie weist auf eine nicht überall gleichmäßige Luftbeschaffenheit, derart, daß sich feine Differenzierungen derselben beachtlich auswirken. Es kann von der Erscheinung her an die Zerreißlinie eines Papierblattes gedacht werden, in deren Gestalt die nicht völlige Gleichmäßigkeit der Struktur zu erheblichen Änderungen der Reißrichtung Anlaß gibt.[9] Besonders fotografische Aufnahmen zeigen deutlich, daß diese Bahn sich oft vielfach aufzweigt, zersplittert und am ehesten an die Gestalt von Pflanzenwurzeln erinnert. In seltenen Fällen ist sie durch anscheinend parallellaufende Funken zum Bänderblitz verbreitert. Der Blitz überbrückt Entfernungen von vielen Kilometern, meist sind es drei bis fünf Kilometer. In den Alpen wurden extreme Blitzwege von über 40 km Länge beobachtet.

In der rätselhaftesten Lichtgestalt des Gewitters, dem faust- bis kindskopfgroßen Kugelblitz, erscheint das ausgebreitete Lichtesweben der Atmosphäre wie zum Gegenbild einer irdischen Sonne verdichtet mit oft minutenlangem Bestand. Auch er wandelt, etwa in einen Kuhstall eingedrungen, in gespenstiger Weise, rollend oder hüpfend, unberechenbare Wege und kann sich lautlos auflösen oder mit Donnergetöse zerknallen. Dürfen wir die seltenste Gestalt des Blitzes, das Rhythmengewand des *Perlschnurblitzes*, als einen Übergang des Linien- zum Kugelblitz auffassen? Der glimmende, an großen Teilen einer Wolke gleichzeitig aufleuchtende *Flächenblitz* entreißt sich hingegen am meisten der Vergewaltigung durch die Zentralkräfte.

Im Blitz tritt das Licht gebunden an Kräftewirksamkeiten auf, die es seiner Eigennatur entfremden, in die Zentralkräfte der Materie bannen und in zerstörerischer Weise offenbaren. Es scheint willensartigen Charakter anzunehmen. Statt im Kristall und Edelstein des Gebirges sich funkelnd zu spiegeln, wie das Sonnenlicht und Himmelsblau, schlägt er verglasende Narben in die Felsenhänge; statt in sanftem, belebendem Strom der Erde das blühende Grün zu entlocken, bohrt er sich in den Dünensand und hinterläßt als Abdruck seines »anfallweise« und überstürzt mit ungezügelter Gewalt eingreifenden Wirkens die wurzelartig sich verzweigende Blitzröhre, die aus geschmolzenem Sand besteht.

Der Blitz ist begleitet vom Donner, einem der gewaltigsten Schallphänomene, die die Natur hervorbringt. Seine Reichweite beträgt über 15 km. Aus seinem Grollen und Rollen hören wir die oft kilometerlange Zickzackbahn des Linienblitzes und die Plastik der Wolkenmassen heraus. »Tönend wird für Geistesohren schon der neue Tag geboren!« (Goethe). Die Alten verbanden mit dem Hereinströmen des Lichtes von Sonne, Mond und Sternen den Gedanken an die Harmonie der Sphären. Der Donner bringt auch dem Ungläubigsten zum Bewußtsein, daß das Licht töne-schaffende Macht besitzt; er dringt wie ein irdisches Gegenbild der Sphärenharmonie physisch hörbar an das sinnliche Ohr.

Die Urgewalt des Blitzes, seine absolute Unberechenbarkeit im Einzelfall was Zeitpunkt, Ort und Stärke des Auftretens anbelangt, und die Tatsache, daß wir in das Gewittergeschehen scheinbar hilflos örtlich mit einbezogen sind, bedingen die besondere Einwirkung des Blitzes auf das menschliche Gemüt. Nicht verankert in religiöser Substanz oder gewappnet mit entsprechenden Gedanken, kann es nur mit Angst oder Erschrecken reagieren. Der Blitzschlag wird zum Urbild jeder schicksalhaften, höheren Gewalt, die auch uns scheinbar sinnlos, ja tödlich zu treffen vermag. In der Tat werden jedes Jahr nicht nur Hunderte von Gebäuden vom Blitzschlag eingeäschert, sondern auch viele Menschen erschlagen. Ein Mensch mit starkem und tiefem Gemüt ahnt jedoch in den Blitz- und Donnergewalten die Offenbarung höchster Kräftesphären des Kosmos und vermag sich dem erhebenden Eindruck eines die Atmosphäre reinigenden und das Gleichgewicht der Elemente wieder herstellenden Gewittergeschehens mit Staunen oder Ehrfurcht hinzugeben. Einen völlig andern Charakter als der Blitz hat das *Nordlicht*, dessen eigentliche Heimat, wie schon sein Name sagt, in den höchsten Breitengraden jenseits des Polarkreises in der arktischen, beziehungsweise antarktischen Zone liegt. Eine Vorbedingung zu seiner Beobachtung ist eine möglichst sternenklare, dunkle Nacht. Es tritt in dem mannigfachsten Formen auf. Manchmal glimmt der Himmel an einer oder mehreren unscharf begrenzten Stellen minutenlang in diffuser, ruhiger Helligkeit, die man von einer leuchtenden Nachtwolke kaum unterscheiden kann. Plötzlich schießen mit blitzartiger Geschwindigkeit weiße, grüne, in rot übergehende Strahlen von Vollmondbreite empor. Sie pendeln scheinwerferartig hin und her, erlöschen und flammen neu auf. Stets streben sie, erdflüchtig, von unten kommend, hinauf und hinaus in die Sternenweiten. Manchmal gehen sie von einem flachen, niemals der Erde aufsitzenden, weißlichen oder gelblich-grünen Bogen aus, der als »ruhender Pol in der Erscheinung Flucht« eine stabile Basis abzugeben scheint, die nach unten scharf begrenzt ist und ein besonders dunkles Himmelssegment einschließt. Doch im nächsten Augenblick kann sich auch dieser Bogen verwandeln, steigt empor, verbreitet sich oder löst sich ganz auf. Es können gleichzeitig zwei, drei Bögen neu entstehen und dahinflutend verströmen. Noch eindrucksvoller sind jedoch die riesigen, freischwebenden, tiefroten, blauen oder violetten Bänder, die sogenannten Draperien, die oft kulissenartig gestaffelt sind und wie vom Wind bewegte, mächtige Fahnen langsam flattern. Sie nehmen sich aus wie eine durch den Sternenhimmel gespannte Lichtklaviatur, über welche die kosmische Hand eines unsichtbaren Spielers hinüber- und herübergleitet, um auf dieser Lichtorgel immer neue Stellen zum Aufleuchten zu bringen.

Die bewegliche Farbenpracht der Erscheinung, die »unstet und flüchtig« immer neue Überraschungsmomente birgt, auf dem Hintergrund eines schweigsamen, glitzernden Sternenteppichs, dessen Lichtgefunkel hindurchschimmert, entführt die Seele in ein Zauberreich, so daß sie der beißenden Kälte und der arktischen Finsternis vergißt. Es ist, als ob die Natur den Menschen für die wochenlange Dunkelheit der Polarnacht entschädigen wollte. Die höchste Steigerung des Nordlichts bildet sich beim Auftreten der Korona. Der Himmel gleicht dann einem bunten, brennenden Lichtdom, der im Durchkreuzen der in der Nähe des Zenits sich treffenden Strahlen »gekrönt« wird. Welche unglaubliche Verwandlung, welche Auflösung und Steigerung hat das uns schützend umhüllende, blaue Lichtgewölbe des Tages erfahren! Erscheint es im Blitz wie unter die Wolken zusammengezogen, so hier wie aufgerissen und flatternd in die Sternenweiten zerstiebend.

Während der Blitz sich in unserer nächsten Nähe entfaltet und mit dem Gewitter zusammen in der Troposphäre, den untersten Luftschichten, auftritt und einer Verdichtung der Atmosphäre, der Kumuluswolke, sein Entstehen verdankt, führt uns der Nordlichtstrahl von der unteren Grenze seines Bereiches in 70 km Höhe in den höchsten Bereich der Stratosphäre bis zu 1000 km empor. Das Polarlicht spielt sich in einer Region ab, wo die irdische Lufthülle zu einem vakuumartigen Zustand »entlüftet« wird. Die Auflösung der Luft ist so stark, daß die Physiker zweifeln, ob in diesen Höhen die auf der Erde festgestellten Gasgesetze noch gelten.

Trotz dieser Erdferne des Nordlichtes zeigt es eine eindeutige Beziehung zur Erde; es ist an ihr Magnetfeld gekettet. Die höchste Stelle des Nordlichtbogens, das heißt die Hauptrichtung der Strahlen, weist in den magnetischen Meridian der betreffenden Gegend. Dem Polarlicht geht ein Zittern und Schwanken der Magnetnadel weitgehend parallel, deren Störungen uns zugleich den Weg zum Kosmos, zur Sonne, weisen. Dem Durchgang von Sonnenflecken durch die Sonnenmitte folgt nämlich zumeist gesetzmäßig ein bis zwei Tage später das Auftreten des Nordlichtes im Rahmen der »magnetischen Gewitter«, als die Alexander von Humboldt zum ersten Mal diese Erscheinungen zusammenfaßte. Das Auftreten dieser Gewitter ist umgekehrt proportional zum Auftreten der elektrischen Gewitter. Wir stoßen damit auf einen inneren Zusammenhang, bei dessen Durchleuchtung der phänomenologisch so entgegengesetzte Charakter von Blitz und Nordlicht sich in der Tat als echte Polarität erweist.

Während der Blitz beziehungsweise das normale Wärmegewitter dem direkten und möglichst senkrechten Einfall der *sichtbaren* Sonnenstrahlen auf der Tagseite der Erde seine Entstehung verdankt, hängt das Nordlicht mit dem Eindringen einer nicht sichtbaren Sonnenstrahlung unbekannter Natur zusammen. Diese wird durch das magnetische Feld der Erde von deren Tagseite abgelenkt und zu gewaltigen Spiralen abgebogen, die der magnetische Nord- und Südpol an der *Nachtseite* der Erde in den arktischen Regionen hereinsaugt.

Das tägliche Maximum der Blitze fällt, wie jeder weiß, in den Nachmittag in Auswirkung des höchsten Sonnenstandes. Das Auftreten der Nordlichter fällt prinzipiell in die Nacht. Die zeitliche Lage der Maxima ändert sich dabei mit der geographischen Lage des Beobachtungsortes. Zugleich »finden sich die Perioden der erdmagnetischen Aktivität im zeitlichen Gange der Häufigkeit der Polarlichter wieder. Dies gilt vom täglichen Gang, der für beide Erscheinungen ein Maximum während der Nacht besitzt, sowie vom elfjährigen Gang der erdmagnetischen Aktivität, der parallel zum Gang der Sonnenflecken läuft. Vegard hat den Begriff der magnetischen Ortszeit und der »magnetischen Mitternacht« eingeführt. »Hiernach tritt das Maximum an den verschiedenen Stationen sehr verschiedener geographischer Länge zur selben magnetischen Zeit, nämlich um etwa 1,3 Stunden vor magnetischer Mitternacht« ein.[8]

Das Nordlicht gehört so zur Nacht, zur Mitternacht wie der Blitz zum Tag, zum Mittag. Winter und Sommer sind die große Nacht und der große Tag des Jahres. Dementsprechend liegt das Hauptverbreitungsgebiet des Nordlichts in den arktischen Zonen, wo die Erde im »Dauerwinter« erstarrt. Die Isochasmen, die Linien gleicher Nordlichthäufigkeit, umschließen in konzentrisch gelagerten Kreisen den Nordpol und den magnetischen Pol der Erde und bilden einen eigenen *Nordlichtpol* in Nordwestgrönland (69 Grad westlicher Länge 75,8 Grad nördlicher Breite). Die Linie größter Häufigkeit berührt Europa gerade noch am Nordkap, wo 100 Nordlichter im Jahr beobachtet werden, in Deutschland werden durchschnittlich nur noch drei Polarlichter im Jahr beobachtet, in Süditalien nur noch eins in zehn Jahren. Nur ganz außergewöhnliche Polarlichter bringen sozusagen den gesamten Erdball zum Aufflammen und werden, wie zum Beispiel das Polarlicht vom 25. September 1909, sogar in Singapore (ein Grad nördlicher Breite) oder Batavia (sechs Grad südlicher Breite) beobachtet. Praktisch ist also die Tropenzone der Erde beziehungsweise der Äquator nordlichtfrei!

Hier liegt hingegen das Hauptgebiet, in dem sich die 40 000 Gewitter, welche die Erde pro Tag umdonnern, abspielen. Die Zahl der Blitze in einem heftigen Gewitter kann mehrere Tausend betragen und sich bis zu einem Blitz pro Sekunde steigern. Nach Berechnung der Meteorologen leuchten in jeder Sekunde auf der gesamten Erdoberfläche circa 100 Blitze auf, so daß demnach die Erde täglich im Wechselspiel mit der Sonne 8 640 000 Blitze produziert. Den Polarlichtpolen steht ein millionenfach aufblitzender Gewittergürtel des Erdballs im Gebiet seiner tropischen »Dauersommerzone« gegenüber, dessen Intensität nach den Polen zu kontinuierlich abnimmt (siehe Figur 1). Da in den Tropen fast die gesamte Niederschlagsmenge in Form von Platz- oder Gewitterregen fällt, gehören in der Regenzeit die Wärmegewitter und Blitzerscheinungen dort zu den normalen täglichen Vorgängen. Die Pünktlichkeit dieser Gewitter ist so groß, daß man sich, wie Reisende berichten, auf »vor« oder »nach« dem Gewitter verabredet, um den Unterschied der Zeit anzugeben. Die tropischen Stationen zählen 100 bis 150 Gewittertage im Jahr! Kalkutta zählt durchschnittlich 60, Rio de Janeiro 50,7, Abessinien 38, Padua 17,5, Paris 13,8, Berlin 18,4 und Leningrad nur noch 9,2 Gewitter im Jahr.

Bei uns ist der Juli der gewitterreichste Monat. Mehr als die Hälfte aller Gewitter fällt in Europa in den Sommer, nur ein zehntel in den Winter.[10] Im östlichen Europa gibt es so gut wie keine Wintergewitter. In den Polargegenden hat man kaum Gelegenheit, einen Blitz zu beobachten,

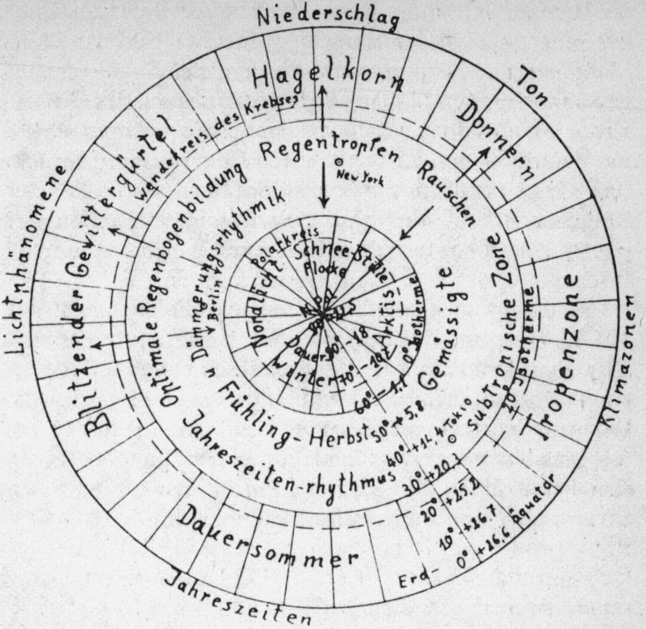

Figur 1. Die dreigliedrige Lichtorganisation der Erde. Nördliche Halbkugel der Erde schematisch in die Fläche projiziert, deren äußerster Kreis den Erdäquator, deren Mittelpunkt den Nordpol darstellt. In den verschiedenen Sektoren der Erdscheibe sind die dreigegliederten Metamorphosen von Klima, Jahreszeiten, Lichtphänomenen usw. eingetragen. Von zehn zu zehn Breitengraden ist die jeweils durchschnittliche Jahrestemperatur der betreffenden Breite abzulesen. Äquatorwärts von der +20°-Isotherme ist die Temperatur über 20° (Tropenzone), innerhalb der 0°-Isotherme liegt sie durchschnittlich unter dem Gefrierpunkt (Arktis). Zur allgemeinen Orientierung ist die Lage von Berlin, New York und Tokio eingetragen.

und über dem 75. nördlichen Breitengrad wurde das Phänomen anscheinend überhaupt noch nie wahrgenommen. Im Raum der Polarkalotte sind Gewitter unbekannt.

Blitz und Nordlicht gliedern sich also in absolut polarer Weise in Zeit und Raum, in den Tages- und Jahreslauf und die Erde als Ganzes ein. Wo das Nordlicht auftritt und das Optimum seiner Entstehungsbedingungen erfährt, tritt der Blitz zurück und umgekehrt. Entsprechend verschieden reagiert auch das sinnlich-sittliche Gefühl des Menschen auf diese Naturerscheinungen. Seit je wurde das Gewitter, Blitz und Donner, als der Ausdruck des Gotteszornes empfunden; sie jagen uns Schrecken oder Angst ein, wir erbleichen und ziehen uns schutzsuchend zurück. Das Kind flüchtet in die Arme der Mutter und selbst der Erwachsene muß erst sein Bewußtsein von innen her erkraften und das aufgewühlte Gemüt beruhigen, um die Erscheinung objektiv verfolgen zu können.

Umgekehrt lockt die Pracht des Nordlichtes nicht nur den Lappen und Eskimo aus der Hütte, trotz Eis und Kälte, sondern bringt uns auch seelisch etwas außer Fassung, weckt – bezaubernd und gespenstisch zugleich – die Sehnsucht nach einem höheren Lichtreich. Wir fühlen uns wie magisch angezogen und hören den Lappen seinen Kindern erzählen, die göttliche Macht lasse uns zuweilen nochmals ins verlorene Paradies hineinschauen.

Der Regenbogen als Vermittler

Meinen Bogen habe ich in die Wolken gesetzt; der soll das Zeichen sein des Bundes zwischen mir und der Erde.
1. Moses IX, 13

Die polar auftretende Erscheinung von Blitz und Nordlicht und der bei ihrem Anblick entstehende Gegensatz der sinnlich-sittlichen Gefühle selbst verlangen nach einer Vermittlung. Sie kann erreicht werden, wenn man auf dem phänomenologischen Weg im Sinne einer Übung zur Verstärkung der Seelenkräfte die Wahrnehmungsbilder von Blitz und Nordlicht ineinander überführt »dadurch, daß man gewissermaßen das Wahrnehmen in Fluß bringt, dadurch, daß man Bewegung und Leben in das Wahrnehmen hineinbringt, aber in einer solchen Weise, wie es nicht im gewöhnlichen Vorstellen geschieht, sondern im symbolisierenden oder auch künstlerisch verarbeitenden Wahrnehmen.«[3]

Wir können das Nordlicht im künstlerisch bewegten Vorstellen dem Blitze nähern, indem wir seinen zentrifugalen Charakter gemildert denken. Wir müssen seine flakkernde Unruhe gleichsam dämpfen und seine fliegende Beweglichkeit beschränken. Wir holen seine schießenden Strahlen zurück und verdichten sie im Nordlichtbogen. Umgekehrt müssen wir den erdsüchtigen, kurzlebigen Blitz in die Dauer des Zeitenstroms hinüberführen, seine Zickzack-Linie glätten sowie an das kosmische Rund des Himmels und die Rhythmenordnung der Sphärenharmonie gemahnen. Wir lösen den geballten Funken etwas auf, verbreitern seine schlangenartige Bahn zur nordlichtähnlichen Draperie und dämpfen die grelle Gewalt seines Lichtes zur flutenden Farbigkeit, die in seinem Wesen, es gibt bläuliche, rötliche und violette Blitze, bereits angedeutet ist. Der so metamorphosierte Blitz paßt nicht mehr in die chaotische Gewitterumgebung. Um ihm den Weg zum verlorenen Kosmos und dem Urbild aller Farbigkeit, dem Himmelsblau, zu bahnen, öffnen wir den Vorhang der finsteren Wolkendecke und holen zugleich das bereits verwandelte Nordlichtweben näher an die Erde heran; wir geleiten es aus seiner einseitigen, nächtlichen Finsternis in diesen nach dem Ungewitter neu anbrechenden Tag. So können sich die beiden entgegengesetzten Lichtgeschwister die Hände reichen. Wir rufen die Sonne zu Hilfe, deren Anblick sie bisher beide streng gemieden haben und in ihrem hereinflutenden Glanze strahlt auf, als Urphänomen aller harmonischen Vermittlung – der *Regenbogen.*

Er steht »mit beiden Füßen« auf der Erde und schwingt sich trotzdem zur kosmischen Rundung empor. Als Sphärenausschnitt imponierend und zugleich zu einem unter dem irdischen Horizont liegenden Mittelpunkt hinorientiert, vereinigt er die zentrifugalen und zentripetalen Tendenzen. Ihn begleitet das gleichmäßige Regenrauschen, in dem das Donnergrollen verebbt ist und die lautlose Stille der Polarnacht sich belebt. Der Hintergrund des Nordlichtes war der glitzernde Sternenkosmos, der des Blitzes das finstere Chaos sturmgepeitschter Wolkenfetzen. Der Regenbogen aber entsteht, wo die weichende, sich auflösende Wolkenwand dem neu sich aufbauenden, reinen blauen Lichtgewölbe Platz macht. Er steht an der Grenze von Chaos und Kosmos. In ihm selbst aber tritt die Vielfalt der Farben, die den prägnantesten Ausdruck merkuriellen Verwebens von Himmelslicht und Erdenfinsternis darstellt, nicht nur in strahlender Pracht und überirdischer Reinheit, sondern auch in sinnvoller, rhythmisch gegliederter Ordnung in Erscheinung. Die gelbrote aktive Seite, in der das Licht überwiegt, im Sinne der Farbenlehre Goethes, ist dem Kosmos zugekehrt, während die blauvioletten Finsternisfarben den inneren Teil des Bogens bilden und sich somit der Erde zuwenden. Die ergrünende Mitte aber verbindet den »warmen« und den »kalten« Bogenstreifen zur dreigegliederten Einheit.

Auch die individuelle Gestalt des Regenbogens ist vieler Abwandlungen fähig, was die Intensität, Ausprägung und Breite seiner Farbenstreifen vom Rot, Orange, Gelb über Grün bis zum hellen oder dunkleren Indigo-Blau und Violett anlangt. Besonders auffällig und häufig ist die an den inneren blau-violetten Bogenrand sich anschließende Verdoppelung oder Verdreifachung zu *sekundären Regenbögen*. Da bis zu maximal sechs Sekundärbögen beobachtet wurden, vermag sich der Regenbogen also zu einer siebenfach vervielfältigten Farbengestalt zu steigern. Bekannt ist außerdem der *Nebenregenbogen*, der sich in schwächerer Intensität, aber größerer Gestalt über dem ersten Bogen aufzubauen vermag. In ihm erscheinen die Spektralfarben in umgekehrter Reihenfolge. Sein innerer Rand beginnt mit Rot und ist also der roten Grenze des Primärbogens zugewendet. Die Umkehrung der Farbfolge, die wir von jedem Spiegelbild kennen, läßt vermuten, daß es sich um einen zusätzlichen Spiegelungsprozeß des Sonnenlichtes in der Regenwand handelt, was die Physik bestätigt (siehe *Seite 87* und *Figur 15*). Alle Variationen sind von den wechselnden meteorologischen Bedingungen abhängig, auf die der in Erscheinung tretende Bogen angewiesen ist, wobei die Größe der das Licht auffangenden Regentropfen und die Tiefe der Regenwand die Hauptrolle spielen. Schrumpfen die Wassertröpfchen in feinem Nieselregen zur winzigen Größe von nur 0,05 mm zusammen, so verblaßt der Farbenbogen, um schließlich nur noch als weißlich schimmernder Nebel-Regenbogen mit rötlich angedeutetem Rand zu erscheinen. Ein ähnlich weißlich-fahler Regenbogen kann sich bilden, wenn der große Gegenspieler unseres strahlenden Tagesgestirns, der Mond, seinen nächtlichen Schein in den Regen schickt.

Rudolf Steiner hat in einer Fragenbeantwortung nach einem Vortrag dem Licht die Qualität der *Innerlichkeit* zugesprochen: »Es ist in jedem Punkte es selbst. Wärme kann sich in drei Richtungen des Raumes ausdehnen, beim Licht müssen wir von einer vierten sprechen: Es ist vierfach ausgedehnt; es hat Innerlichkeit als viertes.«[7] Beim Anblick des Regenbogens können wir den Eindruck haben, daß in seiner Farbigkeit diese Innerlichkeit nach außen tritt und sich offenbart. Sie ist es, die Goethe berechtigt, bei der Entstehung der Farben von den »Taten und Leiden« des Lichtes zu sprechen. Im Sinne der Goetheschen Farbenlehre setzt sich das Licht, das in die

Finsternis strahlt, mit der *Trübe* auseinander, die in der mehr oder weniger staubdurchsetzten Atmosphäre in feiner oder dichterer Form gegeben ist und zum Blau des Himmels oder zum Rot der untergehenden Sonne führt. Im niederfallenden Regenstrom aber begegnet das Licht einer aufs Höchste gesteigerten Dichte. Die »Eintrübung«, welche zur Wolkenbildung geführt hat und uns den Anblick des blauen Himmels entzieht, erreicht im Regenfall einen massiven, bis in den flüssigen Aggregatzustand übergegangenen Verdichtungsgrad, der nur durch die Vielfalt der einzelnen luftumwobenen Tropfen wiederum aufgelockert erscheint. Durch den so entstandenen Widerstand wird der durch die zerreißende Wolkendecke eindringende Lichtstrom zu höchster »Aktivität« aufgerufen und offenbart etwas von dem eigentlichen Geheimnis seines Wesens, seiner Innerlichkeit.

Wie aber stellt sich der Regenbogen in den Tageslauf? (siehe *Figur 2*). Bewährt er seine vermittelnde Rolle und tritt zwischen Mittag und Mitternacht, zwischen Süden und Norden, welche Blitz und Nordlicht einnehmen? In der Tat ist der Regenbogen im Augenblick des Sonnenaufgangs und des Sonnenuntergangs am schönsten ausgebildet (siehe *Figur 3: I*) und steht dann im Westen oder Osten. Nur in diesen Augenblicken gleicht er einem vollendeten Halbkreis, dessen Mittelpunkt der Sonne gegenüber am Horizont liegt, und hat seine maximale Größe. Seine Höhe beträgt dann etwa 41° und seine Spannweite das Doppelte davon, während der Nebenregenbogen circa 50° Höhe und 100° Spannweite erreicht. Mit dem Ansteigen der Sonne sinkt der Regenbogen herab, zieht sich zusammen, um bei einem Sonnenstand von 41° Höhe ganz unterzugehen (siehe *Figur 3: V*). Er verschwindet also – nach Norden vorrückend – um die Mittagsstunden, kann am Südhorizont ohnehin nie erblickt werden und taucht mit sinkender Sonne in nordöstlicher Richtung wieder empor.

Am 21. März steht die Sonne mittags um 12 Uhr (Ortszeit) in Paris, Karlsruhe oder Regensburg (= auf dem 49. Breitengrad) 41° hoch im höchsten Punkt ihrer

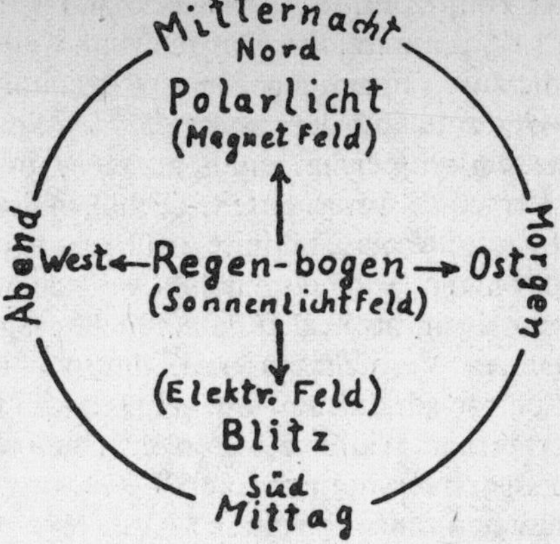

Figur 2. Nordlicht, Blitz und Regenbogen im Tageslauf.

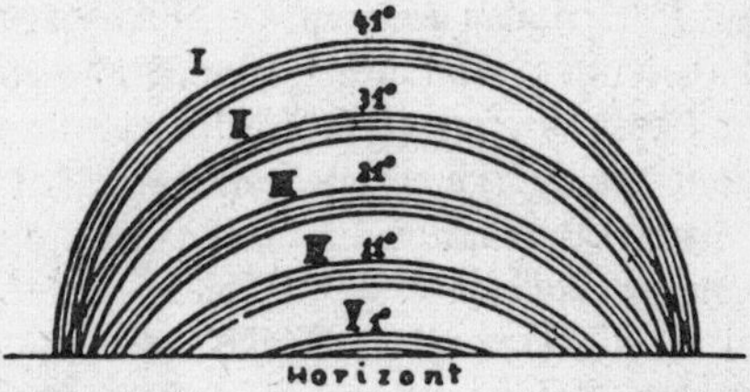

Figur 3. Regenbogenmetamorphosen. Regenbogengrößen bei um je 10° verschiedenem Horizontabstand der Sonne. I = Sonne im Horizont im Aufgang oder Untergang. V = Sonne ca. 40° hoch, Regenbogen verschwindet.

Tagesbahn. Es ist also den ganzen Tag über die Möglichkeit zur Entstehung eines Regenbogens gegeben, der allerdings mittags nur noch einen kleinsten Farbstreifen auf dem Nordhorizont darstellt. In Basel, Stuttgart oder München wäre, des etwas höheren Sonnenstandes wegen, ein Regenbogen zu Frühlingsbeginn schon unmöglich um die Mittagszeit. Je weiter wir nach Süden gehen, um so größer wird die regenbogenlose Zeitspanne. Sie ist am Erdäquator am 21. März auf über sechs Stunden, das heißt mehr als die Hälfte des Tages angewachsen. Je steiler die Sonne aufsteigt, um so rascher schwindet nämlich die Möglichkeit zur Entstehung eines Regenbogens. Am Äquator, wo die Sonne stets senkrecht sich erhebt, steht sie zur Tagundnachtgleiche bereits um 8.44 Uhr 41° hoch über dem Horizont, womit der Regenbogen erlischt.

Indem bis zu Johanni in unseren Breiten die Sonne immer höher steigt, wird die regenbogenlose Mittagszeit auch bei uns stetig größer. Bereits am 10. April ist der Regenbogen um diese Zeit in ganz Deutschland unmöglich. Im Winter wiederum steht die Sonne zwar tiefer, aber der zum typischen Winter gehörende Schneefall hemmt die Regenbogenbildung in anderer Weise. In der Arktis, wo die Sonne den ganzen »Sommer« über sehr flach steht, hat sie nur in seltensten Fällen die Kraft, die Schneeniederschläge in den Tropfenstrom des Regens zu verwandeln, so daß auch hier, die zweite Hälfte des Jahres ist ohnehin von Polarnacht umhüllt, das Phänomen des Regenbogens trotz des niederen Sonnenstandes ein Minimum seiner Erscheinungsmöglichkeit hat.

Der Regenbogen gliedert sich demnach nicht nur in den Tageslauf vermittelnd ein, als Kind des Morgens und des Abends, sondern auch in den Jahreslauf und die gesamte Erde. Nur im Frühling und im Herbst, genauer gesagt um die Tagundnachtgleiche, kann er in unseren Breiten, in den Tropen nie, auch um die Mittagszeit in Erscheinung treten. Dabei begleiten ihn aber sozusagen schützend der große Morgen und Abend des Jahres selbst. Zugleich fällt, räumlich gesehen, das Optimum seiner Erscheinungsmöglichkeit in diejenige Zone, in der Frühling und Herbst, die es im Dauersommer der Tropen und im Dauerwinter der Arktis nicht gibt, im rhythmischen Wechselspiel zwischen Himmel und Erde stets neu geschaffen werden: in die gemäßigte Zone (siehe *Figur 1*). Diese kann somit auch als die eigentliche Regenbogenzone angesprochen werden, die zwischen dem erdumspannenden Tropengürtel der Blitze und dem Polarlichtpol der Arktis vermittelt.

Nordlicht, Blitz und *Regenbogen* schließen sich so, phänomenologisch angeordnet, zu einem dreigliedrigen Urphänomen der mannigfachen Metamorphosen des Lichtes zusammen. Der Regenbogen wahrt dabei in Gestalt, Art und Zeit seines Auftretens die Beziehung zum Sonnenlicht und zum blauen Lichtgewölbe. Er steht in einer merkurialen Mitte, von der sich Blitz und Nordlicht loslösen und nach zwei Seiten hin, in die schwüle Finsternisregion der Gewitterwolkendecke und in die kalte Sternennacht, entfernen. Sie gehen dabei ihre Bindungen mit den elektrischen und magnetischen Kräftebereichen ein, von denen sich der stets sonnenbezogene Regenbogen freihält.

Die Farbigkeit des Tautropfens

Wie alles sich zum Ganzen webt,
Eins in dem andern wirkt und lebt!
Wie Himmelskräfte auf und nieder steigen
Und sich die goldnen Eimer reichen!

Goethe, Faust I, Nacht

Alle meteorologischen Grundphänomene wie ein viele Stunden oder Tage dauernder »Landregen« oder ein sommerliches Wärmegewitter entwickeln sich in einem Gesamtrahmen übergeordneter Prozesse und Gesetzmäßigkeiten. Die Natur geht dabei wie eine Künstlerin vor und paßt die Einzelerscheinungen, zum Beispiel die Art des Niederschlages, dem Charakter der Ganzheit sinnvoll an. Mit dieser Tendenz muß es zusammenhängen, daß im Winter trotz der bissigen Kälte der Luftmassen, in welcher die Wolken dahinziehen, keine Hagelkörner vom Himmel stürzen und uns von der Gewitterwolke her, trotz der offensichtlich vorhandenen Untertemperaturen, kein Schneegestöber überrascht.

Zur Dynamik des Gewitters paßt der plötzlich auftretende Platzregen, der wolkenbruchartige Schauer oder gar diejenige Form des Niederschlags, die zu Hagelmassen verdichtet herniederprasselt. Das Gleichmaß der Elemente ist ins Ungleichgewicht gekommen. Dem übermächtigen Auftrieb, der die Kumuluswolken emportürmte, folgt der Gegenschlag der Schwere, welcher die in die Höhen entführten Wassermassen zurückholt und sogar im Sinne der Erdengesetzmäßigkeit umformt. Wir haben früher schon angedeutet, daß im relativ groben, eisigen Korn des Hagels, die Verdichtungskraft der Erde selbst einen ihr gemäßen Ausdruck findet. Das Zusammenschießen zu oft tauben- bis gänseeigroßen Eiskonglomeraten erinnert auf einer untersten Stufe an die majestätische Gewalt der geballten Wolkenfäuste, deren finsterer, kalter Schoß sie, inmitten der Hochsommerhitze, gebiert.

Zwischen Auftrieb und Schwere, zwischen der ausstrahlenden Kraft wärmedurchwobenen Lichtes und der zentripetierenden Kraft kältedurchdrungener Materie entfalten sich alle meteorologischen Erscheinungen. Dabei erweist sich das lichtdurchlässige, zentrifugal tendierende Luftelement dem Licht ebenso verwandt, wie die zum festen Aggregatzustand verdichtete Stofflichkeit den Gegenpol repräsentiert. Das Wasser als Urelement des flüssigen Aggregatzustands vermag sich, wärmedurchdrungen, in den gasigen Zustand aufzulösen oder, kälteergriffen, als Eis in den Bann des Festen zu begeben. Alle Elementarzustände umspannend, vermittelt es so in seinem vielfältigen Kreislauf in tausendfachen Metamorphosen die Gegensätze.

Die dabei sich entwickelnden Niederschläge in Gestalt von Hagelkorn, Regentropfen und Schneeflocke sind ein sprechender Ausdruck der auch hier sich manifestierenden Dreigliederung. Wie verschieden ist das Verhältnis dieser Wolkenabsonderungen zu Schwere und Auftrieb sowie zu Licht und Finsternis! Im gasförmigen Zustand nimmt das Wasser als unsichtbare Feuchte an der Lüfteleichtigkeit teil. Im Dampfzustand, in Form millionenfacher feinster Tropfenbildung zur Wolke verdichtet, tritt es als Trübung der Atmosphäre in Erscheinung. Welche gewaltigen Auftriebskräfte oder Kräftekonstellationen aber sind es, die in der Lage sind, die Wassermassen einer Wolke im Schwebezustand zu erhalten? Wie wenig selbstverständlich das ist, bringt uns jeder stärkere Regenfall, besonders aber ein Wolkenbruch zu Bewußtsein, in welchem in kurzer Zeit Tausende von Tonnen Wasser dem alle Stofflichkeit beherrschenden Gesetz der Schwere folgen. In letztere ist der Hagel ganz eingegliedert. Form und Struktur des Eiskorns zugleich spiegeln die Zentralkraft der Erdfeste.

Wie anders verhält sich die Schneeflocke. Obwohl auch in ihr Wasser zu Eis verdichtet ist, folgt sie nur zögernd dem Befehl der Erdenschwere, wirbelt spielend mit jedem Luftzug einher und tänzelt langsam, sanft und lautlos sich niederlassend, zu Boden. Ihre gleichmäßige radialsymmetrische Form bestätigt ihren andersartigen Charakter. Der phänomenologisch geschulte Blick kann nicht anders, als sie dem himmlischen Gegenpol der Schwere, dem Lichte des Umkreises zuzuordnen. Die sechsstrahlige Sterngestalt des Schneekristalls – ein Phänomen, das schon Kepler entzückte und zu seiner auch heute noch lesenswerten Studie über die Schneeflocke veranlaßte – erinnert uns an den Anblick des nächtlichen Sternenhimmels. Ist es die vom Sternengefunkel durchstrahlte klare Winterluft, die an ihr mitgestaltet und sich selbst noch offenbart, wenn die frische Schneedecke den Sonnenstrahl tausendfach aufblitzend und glitzernd zurückwirft? In der Tat zeigt der Schneekristall eine besonders innige Beziehung zur Luft, die dem Tropfen abgeht. Seine Struktur ist nicht kompakt. Die Fähigkeit, im reinsten Weiß, der dem Lichte urverwandten Farbe, aufzuleuchten, verdankt Flocke und Schneedecke dem eingebauten Luftelement. Der Chemiker würde in ihnen ebensowenig eine substanzgebundene weiße Farbe finden wie im weißen Blütenblatt eines Kirschbaumes. Wenn wir letzteres zerdrücken, schimmert es farblos durchscheinend wie eine fest zusammengepreßte kleine Schneemasse oder ein Eiszapfen. Sollte in der Tat zwischen dem Blütenschnee und dem Winterschnee eine geheimnisvolle Verwandtschaft bestehen, deren radialstrahlige Blütensternstruktur auf einen gemeinsamen kosmischen Ursprung verweist?

Paracelsus hätte sicherlich, am Denken der Alchemisten orientiert, die Dreiheit von Hagelkorn, Regentropfen und Schneeflocke der Dreiheit von Sal, Merkur und Sulfur zugeordnet, wobei wir daran denken dürfen, daß der Salprozeß vor allem in den verdichtenden Wurzelkräften und der Sulfurprozeß in der lichtverwandten Blüte erlebt wurde.

Warum aber läßt sich die leichte Schneeflocke nicht dem lichtdurchfluteten Sommer und das Hagelkorn dem Dunkel des Winters zuordnen? Zum Wesen des Winters gehört offensichtlich nicht nur die sich verhärtende abschließende Erde und die lange finstere Nacht, sondern auch die in letzterer aufglitzernde winterliche Sternenpracht, also die vom Tageslicht verdeckte kosmische Lichtfülle. In die vom Sonnenlicht durchflutete, sommerliche Atmosphäre schieben sich hinwiederum, wie wir gesehen haben, die Tiefenkräfte der Erde in besonderer Weise hinein. In jedem Pol lebt nicht nur absolute Einseitigkeit, sondern die Idee des Ganzen. Und nur dadurch ist die Vermittlung und die Verbindung zu einer dreigegliederten Ganzheit möglich.

In unserem Falle ist es die Tropfengestalt des Niederschlags, welche die Polaritäten zum Ausgleich führt. In der Kugelgestalt des Tropfens vermag das Wasser sich einerseits in feinster Form, in Nebelschleier und Wolke schwebend, zu halten und jeder Regung des luftigen Umkreises nachzugeben, andererseits in gröbere, verdichtetere Formen zu kondensieren und fallend der Schwere zu folgen. Auch die meist schräge Richtung des von der Erde angezogenen und vom Wind zur Seite getriebenen Regenfalles bringt den Ausgleich in einer Art Kräfteparallelogramm zum Ausdruck, dem sich das senkrecht herniederstürzende Hagelkorn ebenso entzieht wie die tanzende Schneeflocke. In ähnlicher Weise vermittelt, was die Tonphänomene anbelangt, das belebende Rauschen des Regens zwischen dem Knattern des Hagels und dem lautlosen Fußfassen der Schneeflocken. Während das oft eiförmig oder unregelmäßig-kantig geformte Hagelkorn die dreidimensionale Welt voll erobert, geht der typische Schneestern, der Vogelfeder vergleichbar, eine besondere Beziehung zur Fläche ein. Durch diese kann er sich viel stärker der Tragfähigkeit der Luft hingeben. Wiederum vermittelt die kugelrunde Gestalt des Tropfens zwischen solchen Extremen (siehe *Figur 4*).

Zwischen dem Niederschweben der federleichten, luftgetragenen Schneeflocke und dem Herunterstürzen des Hagelkorns nimmt die vom Luftwiderstand deutlich gebremste Fallgeschwindigkeit der Regentropfen von drei bis acht m/sek. eine mittlere Lage ein.

Die typische Schneeflocke hat stets eine sechsstrahlige, radialsymmetrische Sterngestalt, die in tausendfachen Variationen spielt. Die Metamorphosen reichen von regelmäßigen, innerlich jedoch reichgegliederten Platten über

Figur 4.
Oben: Schneeflocken
Mitte: Regentropfen
Unten: Hagelkörner – von außen und im Durchschnitt

alle aufgelockerten Zwischenformen bis zu feinstrahligen, tannenbaumverwandten Sternen.

Bei den Regentropfen ist die durch alle Größen sich hindurchziehende kugelrunde, einheitliche Form zu beachten. Die auf *Figur 4* abgebildeten Wasserkugeln sollen nicht die absolute Größe, sondern das *Verhältnis* der kleinsten zu den größten Tropfen wiedergeben. Erstere finden sich, weniger als 0,5 mm groß, im feinsten Sprüh- oder Nieselregen, letztere erreichen in Gewitterschauern und Wolkenbrüchen fast einen cm Durchmesser.

Für die Hagelkörner ist die relativ unregelmäßige Form, neben ihrer Kompaktheit, und die innere, um das Zentrum gelagerte Schichtenstruktur charakteristisch. Sie können die verheerende Größe von Kegelkugeln mit über ein Kilogramm Gewicht erreichen. In Indien zum Beispiel übersteigen in einem Fünftel aller Hagelfälle die Körner Zitronengröße.

Der sich verdichtende Tropfen ist luftlos, kompakt und folgt als solcher der Schwere. Seine Kugelform, die das Flüssigkeitselement im freien Fall annimmt, spiegelt aber zugleich die Urgestalt aller kosmischen Körper, ja das Rund der gesamten Himmelssphäre. Zugleich gewinnt das Wasser, indem es von der mehr oder weniger dunklen, trüben Wolke abgesondert wird, trotz seiner Verdichtung seine Klarheit und Lichtdurchlässigkeit zurück. Gerade dieses Doppelantlitz des Tropfens in seiner Beziehung zu Umkreis und Erdmittelpunkt, zu Licht und Schwere macht es möglich, der Mittlergestalt des Regenbogens als Erscheinungsgrundlage zu dienen.

Wenn es auch zu jeder Tages- und Jahreszeit und fast an allen Orten der Erde zu Regenfällen kommen kann, so ordnet sich der Tropfen doch im Tageslauf den Morgen- und Abendkräften ein. Er geht aus den alle meteorologischen Vorgängen durchdringenden merkuriellen Prozessen der Weltenrhythmik hervor. Die Natur offenbart – im Goetheschen Sinne – dieses ihr Geheimnis in einer besonders reinen, urphänomenalen Tropfengestalt: in der Bildung des *Taues*. Sie kann schon in den Abendstunden nach Sonnenuntergang einsetzen, erreicht aber ihren

Höhepunkt in der Kühle der Morgenstunden vor Sonnenaufgang. Der Tau kommt auf zweierlei Weise zustande. Vor allem die Gräser, aber auch viele andere Pflanzen verdichten den im Blattgrün sich fortwährend abspielenden feinen Verdunstungsprozeß an den Spitzen des Blattes und der Blattrandzähne zur regelrechten Tropfenbildung, genannt Guttation. Die nächtliche Kühle verhindert die sofortige Verdunstung dieser Wasserausscheidung, welche das Blätterwerk oft in so entzückender Weise mit »Perlenketten« schmückt. Ihre regelmäßige Gliederung in der Aneinanderreihung der Einzeltropfen gilt es zu beachten, da sie gerade die rhythmische Prozessualität, welche sich in der Zähnelung der Blattränder niederschlägt, betont.

Man könnte diesen Tau, der aus Erde und Wurzel kommt, den Erdentau nennen im Gegensatz zum »Himmelstau«. Dieser schlägt sich aus der umgebenden feuchten Atmosphäre in Form feinster Tröpfchen hauchzart auf die Blattflächen nieder und überzieht sie mit einer im Glanz der Morgensonne schimmernden Silberschicht, inmitten derer die großen Guttationstropfen als glitzernde Edelsteine in allen Farben funkeln.

Denn schon im kleinsten Tautröpfchen finden wir die ganze Regenbogenfarbigkeit wieder. Auch hier tritt sie uns in der Tagesfrühe in ihrem besonderen Bezug zur Morgenstunde entgegen und verwandelt und bereichert den Glanz des die nächtliche Finsternis erhellenden Tagesgestirns. Der Tautropfen strahlt nach allen Seiten Licht aus wie eine Miniatursonne. Von der Sonne her gesehen, nehmen wir ein helles Glitzern gegen die Richtung ihres Lichtstrahls wahr, aber von rückwärts oder im rechten Winkel dazu, von der Seite blickend, nur ein mehr oder weniger helles Scheinen. Schräg vorne, von der Seite angesehen, funkelt jedoch der Tautropfen plötzlich wie ein Rubin, und wenn wir jetzt den Kopf vorsichtig etwas weiterbewegen, nehmen wir nacheinander alle Farben des Regenbogens in überirdischer Reinheit und Intensität wahr. In der gleichen Richtung, von der andern Seite, sehen wir das gleiche Farbenspiel, und es bleibt erhalten,

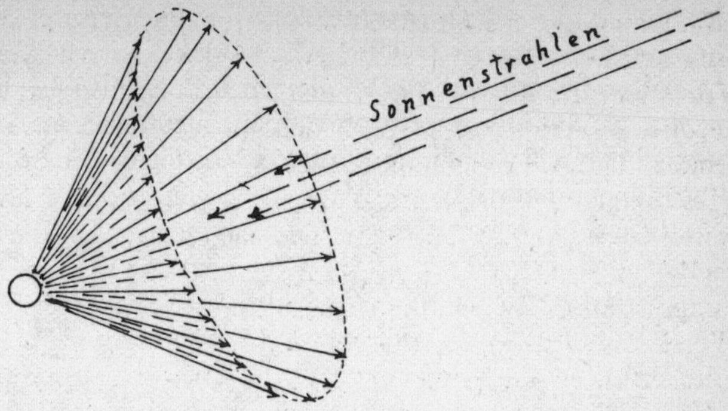

Figur 5. Strahlenbrechung und Reflexion im Wassertropfen. Entstehung des fächerartigen Farbentrichters an Tau- und Regentropfen.

wenn wir, stets im gleichen Winkel zum einfallenden Sonnenstrahl schauend, den Kopf halbkreisförmig um den ganzen Tropfen bewegen. Wir befinden uns im umgekehrten Falle wie gegenüber dem Regenbogen. Dort sind *wir* die Spitze eines hereinflutenden Farbenkegelmantels, *hier* strahlt der Tropfen als Mittelpunkt zentral einen solchen siebenfach gestuften Farbenfächer aus. Der von der Sonne erschlossene Tautropfen öffnet sich ihr gegenüber in einer kelchförmigen, blumenartigen Farbenkorona, die wir jedoch nur zu sehen vermögen, wenn wir sozusagen auf den Rand der Blumenblätter dieser Taublüte, uns im Kreise bewegend, schauen (siehe *Figur 5*).

Der gleiche Prozeß spielt sich auch in den feinsten Tröpfchen des Himmelstaus ab, wo sich die Farbenstrahlung der einzelnen Tröpfchen so verwebt, daß wir oft ganze Blattflächen in den Regenbogenfarben schimmern sehen. Ähnliche Phänomene treten ja auch im Tropfenstrom von Fontänen oder in den Wasserschleiern von Sturzbächen und Wasserfällen auf, wo es zu regelrechten Miniaturregenbögen kommen kann. Sie bilden den Übergang zur vollausgeprägten Gestalt des Farbenbogens, wie er uns im Strom der Regentropfen erscheint.

Die aufgedeckte Dreigestalt der meteorologischen Niederschläge, die selbstverständlich – wie zum Beispiel die Graupelbildung zeigt – Übergänge zuläßt, ist ein Ausdruck der Dreigliederung des ganzen Erdorganismus, die in den geschilderten Lichtphänomenen zutage trat. Sie geht sinngemäß der Dreigestalt von Nordlicht, Blitz und Regenbogen parallel.

Mensch und Regenbogen

Und wenn es kommt, daß ich Wetterwolken
über die Erde führe,
so soll man meinen Bogen sehen in den Wolken.
Alsdann will ich gedenken an meinen Bund
zwischen mir und euch...

1. Moses IX, 14–15

Indem der Regenbogen seine eigentliche Heimat in der gemäßigten Zone beziehungsweise den Gegenden mittlerer Breitengrade findet, zeigt er eine besondere Beziehung zum Menschen, der ja in diesen Regionen im Verlauf der verschiedenen Kulturepochen seine Entwicklung vollendet. Diese spezielle Beziehung zum Menschen findet in geradezu überraschender Art in folgenden Tatsachen ihren Ausdruck.

Wenn man den Lichtstrahl der Sonne, der das Haupt des Regenbogenbetrachters von rückwärts trifft, verlängert, also dem Schattenwurf des eigenen Hauptes folgt, trifft der Blick in den unsichtbaren Mittelpunkt des Regenbogenkreises. Dieses Zentrum liegt, im Gegenpunkt der Sonne, meist unter dem Horizont. Der Beobachter befindet sich also stets in der Linie, die Sonne und Mittelpunkt des Bogens verbindet (Regenbogenachse). Die Art, wie der Regenbogen in Erscheinung tritt, ist also nicht nur abhängig von der Beziehung, welche Sonne und Regenstrom eingehen, sondern auch von einer bestimmten *Mittlerstellung des Menschen selbst* zwischen Kosmos und Erde.

Wenn der Regenbogen lange genug steht, wandert er in horizontaler Richtung und steigt und sinkt mit der Bewegung der Sonne (siehe *Figur 3*); eine zweite Bewegung aber entsteht, wenn der Mensch sich in Bewegung setzt! Geht der Beobachter etwa nach links um 50 m weiter, so wandert der Auftreffpunkt des Bogens an einem bestimmten Baum – und damit der ganze Bogen – mit nach links. Ein zweiter Beobachter, der an des ersten Stelle tritt (siehe *Figur 14*, Punkt E), sieht jedoch den Regenbogen nach wie vor in seiner alten Stellung am Baum niedergehen. Mit andern Worten: Der Regenbogen wandert mit dem Menschen und offenbart auch hier jene rätselvolle Eigenschaft, die Goethe so treffend »des bunten Bogens Wechseldauer« genannt hat. Jeder Mensch sieht *einen anderen*, nur ihm zukommenden Farbenkreis! Ein Wesen, das die Fähigkeit besitzen würde, gleichzeitig in die Augenpaare der tausend Menschen einer Stadt hineinzuschlüpfen, die einen Regenbogen beobachten, würde tausend Regenbögen auf einmal wahrnehmen. Ihm käme blitzartig zum Bewußtsein, daß dort, wo der imponderable Lichtstrom der Sonne und der der Schwere folgende Tropfenstrom des Regens sich kreuzen, ein flutendes Meer siebenfachen Farbenwebens sich bildet, auf das wir bereits hingewiesen haben.

Daraus ergibt sich, daß der Regenbogen einen anderen Wirklichkeitscharakter besitzt als die sonstigen irdischen Dinge, die wir im Raum erblicken. Ähnlich dem blauen Himmelsgewölbe ist er kein dreidimensionaler Gegenstand wie eine Rose, die mehrere Beobachter gleichzeitig ins Auge fassen können, sondern eine Er-Scheinung im eigentlichen Sinn dieses Wortes. Er gleicht in dieser Beziehung eher dem subjektiven Erinnerungsbild, das jeder Rosenbeobachter nachträglich in sich erzeugen kann. Er hat *Bildcharakter*. Aber dieses Bild gewinnt wiederum den Anschein der Objektivität, da es nicht in der Seele selbst entsteht, wie die Erinnerung, sondern sich im realen Geschehen der Elemente und ihrer Begegnung mit dem Menschenauge entwickelt und offenbart.

Eine ähnliche Erscheinung werden wir gewahr, wenn sich die Sonne in einem Gewässer in bestimmter Weise spiegelt. Solche Spiegelungsphänomene können uns der Eigenart solcher Metamorphosen des Lichtes näherbringen. Stehen wir am Ufer eines vom Wind leicht bewegten Sees, so kann sich ein langer, silbern glitzernder Lichtstreifen von wenigen Metern Breite zeigen. Auch diese flimmernde Lichtbrücke in Richtung Sonne wandert mit uns beim Ufergang weiter. Sie bildet sich mit unserem Weiterschreiten neu in sich wandelnder »Wechseldauer«. Steigen wir aber im rechten Winkel zum Ufer bergan, so werden wir mit Erstaunen gewahr, wie sich der Lichtstreifen immer mehr verbreitert und sich schließlich fast der ganze

See in eine blendende, gleißende Fläche verwandelt. Was ist geschehen? Bei absolut ruhiger, spiegelglatter Wasseroberfläche sehen wir inmitten der klar sich spiegelnden Uferlandschaft nur die scharfumrissene Sonnenscheibe im Wasser: Ein blendendes Spiegelbild der Sonne. Sobald der Wind die Oberfläche kräuselt, verschwindet das Landschaftsbild, »zerbricht« der einheitliche Wasserspiegel in tausend und abertausende, wankend sich auf und ab sowie hin und her bewegende, unregelmäßige und gekrümmte Spiegelflächen, die ein tausendfach verzerrtes Bild der Sonne zurückwerfen. Statt ihrer Körperlichkeit kommt uns der gewaltige Lichtstrom der Sonne selbst zu Bewußtsein, der am ganzen See anbrandet.

Es ist der gleiche Lichtstrom, der bei der Entstehung eines Regenbogens während der Begegnung mit Millionen Regentropfen von diesen teilweise eingefangen, gebrochen und tausendfältig zurückgeworfen wird und sich dadurch in ein vielfältiges Farbenfluten verwandelt. Die Regenwand wirkt dabei, ähnlich wie unsere windbewegte Wasserfläche, als vielgliedriger, komplizierter, jedoch aufgelockerter, luftdurchwobener Spiegel.

Wie wir gesehen haben, gliedert jeder Mensch durch die Art, wie er sich zwischen Himmel und Erde hineinstellt und durch die Tätigkeit seiner Wahrnehmungsorganisation aus diesem universellen Farbenmeer eine ihm zukommende *individuelle* Gestalt – den Regenbogen – heraus. Dies ist nur möglich, weil dieses Farbenmeer kein wogendes Chaos, sondern ein wohlgeordnetes Gewebe sich gesetzmäßig durchdringender Farbenfluten ist, wie die *Figuren 13* und *14* zeigen. Der Regenbogen ist demnach eine vom Menschen geschaffene Form, in der er den objektiven Farbengehalt einer Lichtsphäre zur Erscheinung und sich zu Bewußtsein bringt. Diese subjektive *Form* des Bogens aber wird ihrerseits durch den Menschen zu einer objektiven Tatsache, um die er den Kosmos bereichert.

Diese Schilderung trifft keinesfalls zu für Blitz und Nordlicht. Sie haben sich nicht nur von der Sonne, sondern auch vom Menschen losgelöst. Der Blitz kümmert sich nicht im geringsten um die Stellung des Menschen im Kosmos, er bewegt sich eigenmächtig und unabhängig vom Sonnenlauf und schlägt ein nach Gesetzen, die der Mensch nicht in der Hand hat; er kann dabei den Baum, die nächste Wolke oder gar den Menschen selber treffen. In ähnlicher Weise existiert der gelblichgrüne Nordlichtbogen oder -strahl unabhängig vom Menschen; er steht wirklich als solcher im Raum, so daß wir im Flugzeug unter ihm hindurchfliegen können, was bei einem Regenbogen ausgeschlossen ist; dieser würde sich bei einem solchen Unterfangen von uns entfernen oder ganz verschwinden. Er verhält sich wie der blaue Himmel, dessen scheinbare Berührungspunkte mit dem Horizont wir trotz allen Wanderns nie erreichen können. Dies hängt damit zusammen, daß bei Blitz und Nordlicht das Blitzlicht von der erhitzten Luftmasse ebenso ausgeht wie das Polarlicht von den zum Leuchten erregten Luftteilchen. Das Licht ist in diesen Fällen an den materiellen Träger und dessen Veränderung gebunden, während der Tropfenstrom das Sonnenlicht nur verwandelt, trägt und selbstlos weitergibt, und seinerseits physikalisch nicht im geringsten verändert wird. Blitz und Nordlicht sind in der materiellen Welt verkörperte, lokalisierbare Lichtgestalten. Der Blitz zum Beispiel erzeugt einen bis zu 50 cm dicken, glühenden, oft 10 km langen sogenannten Entladungskanal, dessen Linienspektrum die Linien von N, O, H, Ar und anderen Edelgasen zeigt. Der Regenbogen jedoch zeigt das Spektrum und die Linien des Sonnenlichtes. Die Regenbogenfarbigkeit ist zwar auch im Raume objektiv vorhanden, tritt aber nur *bildhaft* mit Hilfe des Menschen in bestimmter Form in Erscheinung. In ihr wird ein relativ unwahrnehmbares Element durch die menschliche Tätigkeit zur Sichtbarkeit in der Sinneswelt aufgerufen.

Wenn der Blitz zu dem Menschen in engere Beziehung tritt, wirkt er vernichtend. Das Nordlicht schadet uns zwar nie, spielt sich aber auch ganz unbekümmert um uns in unerreichbaren Höhen ab. Die ausgleichende Wesenheit der Regenbogenfarbigkeit jedoch ist so beschaffen, daß sie den Menschen aktiv in ihre vermittelnde Funktion zwischen Sonne und den Elementen einbezieht, wenn er überhaupt eine Beziehung zu ihr eingehen will. Tut er das, so verbindet sie sich mit uns als Regenbogen und bedrängt uns trotzdem keineswegs. Der Farbenkreis begleitet uns dann Schritt für Schritt und tritt uns dennoch nie zu nahe. *Er läßt uns frei.*

Es wird so ersichtlich, warum die stille Majestät seiner harmonischen Bildgestalt, die die siebenfache Farbenpracht in ausgewogenen Rhythmen offenbart, einen solch eigentümlichen, wohltuenden Reiz auf das Gemüt ausübt. Ein Mensch, der ihm gegenüber sein Herz nicht öffnen kann, ist in Gefahr, seelisch zu erkranken; seine Stellung als Mensch zum Kosmos dürfte von Grund auf in ihrem Gleichgewicht gefährdet sein.

Ähnlich wie für die Himmelsbläue dürfte auch für den Regenbogen gelten, daß »bei ihm bereits das Walten des Übersinnlichen beginnt«.[5] Seine Farbengestalt und verwandte Naturerscheinungen können uns durch die Eigenart ihres Auftretens dem Verständnis dessen näherbringen, was der Geistesschüler beim Überschreiten der Schwelle zur Erkenntnis höherer Welten als *Imagination* erlebt. Was auf dieser ersten Stufe *bildhaften* Hellsehens als lebendiges Bildgewebe im Bewußtseinsfeld in Erscheinung tritt, hat insofern subjektiven Charakter, als dieses Bild nicht als »fertiger Gegenstand« in der übersinnlichen Welt vorhanden ist. Es entsteht erst als »Wahrnehmungsgebilde« – und nur so lange – als sich unsere Seelenorganisation der ätherischen Welt öffnet, so lange diese einströmen kann und wir ihr unsere durch die Meditation erkraftete Aufmerksamkeit als eine Art höheren Augenlichtes entgegensenden. Trotzdem vermögen Gestalt, Farbigkeit und Dynamik des imaginativen Bildgeschehens einen objektiv erlebbaren, übersinnlichen Weltinhalt der Äthersphären wiederzugeben. Wir müssen uns jedoch zum Bewußtsein bringen, daß die Imagination in der neu betretenen Welt, die in unser Bewußtsein hereinscheint, ebensowenig als solche existiert wie der Regenbogen in der sinnlich-physischen Welt. Trotzdem haben beide, da aus einem objektiven, gesetzmäßigen Verweben von

Mensch und Welt hervorgehend, Realitätscharakter. Für die Imagination wird der ihr inne-wohnende Wahrheitskern, der sich übersinnlich offenbart, gefunden, wenn wir ihren Bildcharakter durchschauen und gleichsam lesen lernen. Das einzigartige sinnlich-sittliche Gefühl aber, das uns bei der Versenkung in den Regenbogen erwachsen kann, ist in besonderer Weise geeignet, unsere Seele der Welt des geistigen Lichtes aufzuschließen.

Dämmerungsfarbenband und Regenbogengürtel

Des Lebens Pulse schlagen frisch lebendig,
Ätherische Dämmerung milde zu begüßen;
Du, Erde, warst auch diese Nacht beständig
Und atmest neu erquickt zu meinen Füßen.

Goethe: Faust II, Anmutige Gegend.

Die Erscheinung des Regenbogens ist Ausdruck eines übergeordneten, meteorologischen Geschehens, in dem der kosmische Sonnenlichtstrom und die irdischen Stoffeselemente in einzigartiger Weise zusammenwirken. »Nichts ist der Natur gemäßer, als daß sie das, was sie im ganzen intentioniert, durch das Einzelnste in Wirksamkeit versetzt«, sagt Goethe in seiner Metamorphosenlehre.[11] Dies gilt auch für die Verwandlungen des Lichts, die wir in der Ganzheit des Regenbogens in majestätischer Größe vor Augen haben und im kleinen, farbenfunkelnden Einzeltropfen verfolgen können. Ist es so der goetheanistischen Betrachtung gemäß, im kleinsten Teil die Idee des Ganzen zu finden, so läßt sich zugleich aber auch im Aufsteigen zu übergeordneteren Ganzheiten das wirksame Prinzip in umfassenderer Form aufzeigen. Ist doch das meteorologische Einzelgeschehen, das unter anderem zur Bildung eines Regenbogens führt, auch nur Glied im meteorologischen Gesamtgeschehen der ganzen Erde.

Wir möchten jetzt den Schritt vom kleinsten, lichtdurchstrahlten Tautropfen über die erste Steigerung, wie sie uns im lichtdurchfluteten Regentropfenstrom entgegentritt, zum großen Ganzen, der Erde selbst, wagen. Wenn sie im Sinne der eingehenden Darlegungen des Buches *Erde und Mensch*[12] von Guenther Wachsmuth wirklich ein Organismus ist, muß sie dann nicht als Ganzes »intentionieren«, was sie »durch das Einzelnste in Wirksamkeit versetzt«?

In der Tat ist die Erde in ihrer Kugelgestalt ein großer, kosmischer, finsterer Tropfen, der sich im Lichtstrom der Sonne bewegt. Da sie jedoch keine lichtdurchlässige Kristallkugel ist, kommt es zu einer Zweiheit. Die allumspannende Urpolarität des Kosmos – Materie und Licht – spiegelt sich in ihrer beleuchteten, hellen, himmelsumblauten Taghälfte und der dunklen Nachthälfte. An der Grenze von Licht und Finsternis, von Tag und Nacht zieht sich von Pol zu Pol je ein Halbkreis, an dem die Sonne für alle die betreffenden Orte gerade auf- oder untergeht. Wir wollen diese beiden Halbkreise als Morgen- und Abendkreis der Erde bezeichnen.

Der Ausgangspunkt für Goethes Farbenstudien war die für ihn überraschende Beobachtung, daß ein Prisma nicht eine weiße in eine farbige Fläche verwandelt, sondern daß die Farben an der Grenze von Hell und Dunkel als Randerscheinungen auftreten. Aus diesem Urphänomen entwickelte er seine auch heute noch immer umstrittene und doch so zukunftsträchtige Farbenlehre. An der Grenze der Tag- und Nachtseite der Erde tritt uns dieses Urphänomen, zu globaler Größe gesteigert, in der bereits eingangs erwähnten Dämmerungszone entgegen.

Denn in der Morgen- und Abenddämmerung treten alle Farben auf, die uns vom Regenbogen her bekannt sind: Im schwindenden Blau des Himmels glüht die rote Sonne inmitten eines goldgelben und orangen Dämmerungsstreifens, der nach oben über ein zartes Smaragdgrün ins Blau übergeht. Sehen wir jedoch von all der Farbenpracht ab, welche die Morgen- und Abendröte durch das Spiel der Wolken und sonstiger wechselnder meteorologischer Elemente erfährt, dann tritt in den Dämmerungserscheinungen des reinen, wolkenlosen Himmels eine feststehende, genau bekannte Gesetzmäßigkeit hervor.

Im Osten schiebt sich bei Sonnenuntergang der aschgraue Erdschatten hoch, umsäumt von violetten Tönen, die in den intensivsten Purpur der sogenannten Gegendämmerung übergehen. Dieser streicht kaum merkbar über uns hinweg und verdichtet sich bei einem Sonnenstand von etwa 6 Sonnendurchmessern unter dem Horizont, was 3° Sonnendepression entspricht, über dem Horizont in 25° zum sogenannten ersten oder Hauptpurpurlicht, das sich langsam in seiner Intensität steigert, um bei 12 Sonnendurchmessern Horizontabstand des Tagesgestirns (6°

Depression) zu verschwinden. Ihm geht das bekannte Alpenglühen parallel. Dieses füllt in unseren Breiten etwa die Zeit zwischen 15 und 33 Minuten nach Sonnenuntergang aus. Inzwischen zog vom Osten eine zweite, zarte Purpursphäre herauf, die am Westhimmel ihre Hauptentwicklung zeigt, wenn die Sonne 18 Vollmondbreiten (9° Sonnendepression) unter den Horizont gesunken ist. Das Nachglühen der Alpen setzt etwa 40 Minuten nach Sonnenuntergang ein und dauert circa 20 Minuten. Zugleich sinkt im Westen der sogenannte erste leuchtende Dämmerungsbogen (nicht zu verwechseln mit dem ersten Purpurlicht!) unter den Horizont und beendet ungefähr drei Viertelstunden nach Sonnenuntergang die »bürgerliche« Dämmerung. Nachdem bei 22 Vollmonddurchmessern Sonnenabstand auch das Nachglühen verschwunden ist, erblicken wir die Landschaft im fahlen, fast farblosen »Zwielichtschein«des zweiten oder Hauptdämmerungsbogens, dessen milchweißes Licht bei 17° Sonnendepression unter den Horizont sinkt und die Sterne freigibt. Die gesamte, sogenannte astronomische Dämmerung ist beendet; die Sternennacht entläßt bei 24° Sonnendepression den allerletzten Tagesschimmer in Gestalt des bläulich gefärbten *Nach*dämmerungsbogens.

Das Kommen und Gehen des Tageslichts erfolgt also nicht in kontinuierlicher quantitativer Zu- und Abnahme, wie man zunächst erwarten möchte, sondern in stufenweisen, rhythmisch gegliederten Steigerungen und Ent-Steigerungen. Die merkurielle Kraft der Erdatmosphäre bringt den Tag und die Nacht aktiv zum Ausgleich und schafft so erst den eigentlichen Morgen und Abend als selbständige, wesenhafte Tageszeiten, die sie zwischen Tag und Nacht hineinrhythmisiert.

Nochmals fällt unser Blick auf die ganze Erde. Während an der Westküste Englands, in der Bretagne und den Pyrenäen die Sonne glutrot untergeht, funkeln in Leningrad die ersten Sterne. Die Nordsee und der Montblanc in den Westalpen glühen zugleich im Spiegelglanz der ersten Purpurröte, während die Ostsee und der Großglockner im Nachglühen erröten. Königsberg und die Karpaten liegen im Zwielicht, während in der Nacht von Moskau und der Ukraine die allerletzte Nachdämmerung verschwindet. Ganz Mitteleuropa liegt demnach ausgebreitet im Farbenweben der Abenddämmerung. Von Europa ausgehend, umschlingt östlich des Abendkreises auf der Nachthälfte des Planeten ein circa 2000 km breites Band als Abenddämmerungsbogen die Erde von Arktis zu Antarktis; dieser kreuzt den Tropengürtel und wird auf der anderen Seite des Erdballs von einem Farbenbogen der Morgendämmerung abgelöst. Wie zwischen dem Schwarz der Pupille und der peripheren weißen Lederhaut des Auges die Regenbogenhaut, die Iris, eingespannt ist, so wird die Erde zwischen lichter und finsterer Hälfte von einer gewaltigen Iris umschlungen, der Heimat aller Morgen- und Abendkräfte.

Die Orte der Tropengegend kreuzen den Dämmerungsgürtel meistens fast rechtwinklig, weswegen die Dämmerung in diesen Erdgebieten am kürzesten ist und nur 1 Stunde 12 Minuten bis höchstens 1 Stunde 19 Minuten dauern kann. Sehr rasch bricht die Nacht herein, denn die Sonne geht am Äquator senkrecht und in den niederen Breitengraden fast senkrecht unter und entfernt sich schnell vom Horizont. Je höher die Breitengrade sind, um so länger dauern Morgen- und Abenddämmerung. In unseren Breiten gleiten die Orte zumeist schräg mit der sich drehenden Erde unter den beiden Farbenbogen hindurch. Die kürzesten astronomischen Dämmerungen betragen bei uns (auf 50° nördlicher Breite jeweils am 3. März und 11. Oktober) 1 Stunde und 53 Minuten, überschreiten also das Maximum der Tropen um 34 Minuten und wachsen in den hellen Sommernächten auf über 3 Stunden an. In der Arktis und Antarktis hinwiederum ist monatelang Dauertag mit der mitternächtigen Sonne und entsprechend lange Polarnacht. Das rhythmische Wechselspiel der Dämmerung tritt zurück und wird an den Polen selbst, wo die Sonne im Jahr nur einmal auf- und untergeht, zu einem einzigen Jahres-Morgen und *einem* Abend zusammengefaßt. In diesen Wochen vor der Frühlings-Tagundnachtgleiche und nach dem 21. September, während die Sonne in den Fischen aufgeht und in der

Jungfrau langsam unter den arktischen Horizont sinkt, glüht allerdings der Polarhimmel in allen Farben.

Das eigentliche, besonders ausgeprägte, rhythmische Wechselspiel der Morgen- und Abendröte erfährt also in den mittleren Breiten, wo auch die optimalen Bedingungen zur Regenbogenentstehung liegen, seine schönste Steigerung. Die Umstände, welche die Regenbogenbildung fördern oder hemmen, beeinflussen die phänomenologische Entfaltung des Dämmerungsfarbenbogens im gleichen Sinn – was auf eine intime Verwandtschaft zwischen beiden Erscheinungen hinweist.

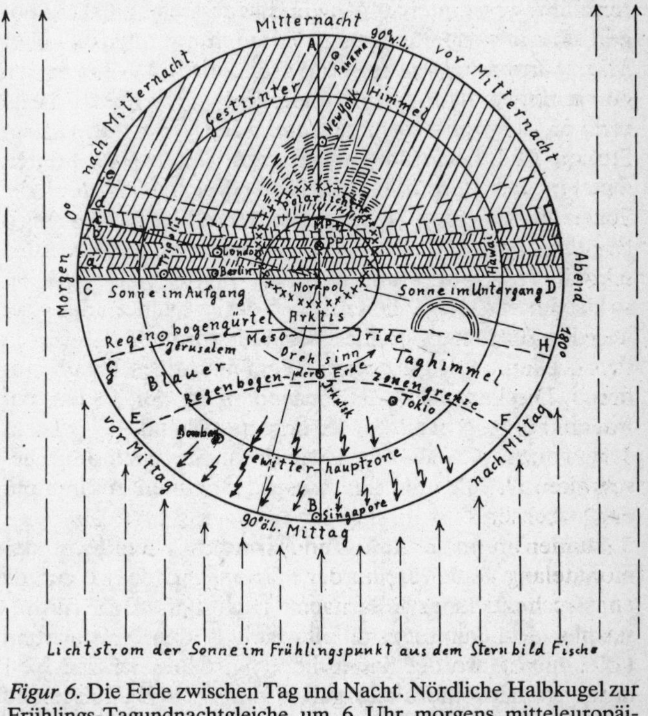

Figur 6. Die Erde zwischen Tag und Nacht. Nördliche Halbkugel zur Frühlings-Tagundnachtgleiche um 6 Uhr morgens mitteleuropäischer Zeit. Sonnenaufgang auf dem Meridian von Stargard (15° östlicher Länge), Wendekreis des Krebses und Polarkreis sind eingetragen. Weitere Erläuterungen siehe Text.

Betrachten wir einmal die Erde »von oben« am 21. März um 6 Uhr mitteleuropäischer Zeit, wobei der gleichzeitige Blick auf einen Globus die Figur plastisch ergänzen kann (*Figur 6*). Die gesamte nördliche Halbkugel ist wieder in eine Kreisfläche projiziert gedacht. Die zwei Teilstücke des Morgen- und Abendkreises sind mit dem Meridian 15° östlicher Länge und 165° westlicher Länge identisch und erscheinen als gerade Linie *C–D,* die quer durch den Nordpol geht. Sie trennt die Tagseite der Erde von der Nachtseite. Die Erde dreht sich im entgegengesetzten Sinne des Uhrzeigers! Berlin (mit neun anderen Städten lagegetreu eingezeichnet in *Figur 6*) steht wenige Minuten vor Sonnenaufgang und liegt noch im Farbenbogen der Morgendämmerung, der durch Zentralafrika über Mitteleuropa hinweg in die Arktis führt und dort in den Abendbogen übergeht. Dieser umspannt, über Alaska und die Hawaii-Inseln ziehend, den gesamten Stillen Ozean. Die beiden Hunderte von Kilometern breiten Streifen des Purpurlichtes (*Figur 6: a* und *b*) und die Zonengrenzen der Sichtbarkeit der drei Dämmerungsbogen bringen die rhythmische Gliederung der Erdeniris zum Ausdruck (*a, b* und *e*).

Bei dieser Gelegenheit sei noch daran erinnert, daß – so, wie der Blitz vom Donner begleitet wird – die Natur in dieser Dämmerungsfarbenzone ein mächtiges Tonphänomen erklingen läßt, das besonders in der Frühe vor Sonnenaufgang beginnende, herzerquickende Vogelkonzert, welches sich aus dem Zwitschern, Singen und Jubilieren von tausend und abertausend Stimmen zusammensetzt.

Die auf dem Morgen- und Abendkreis senkrecht stehende Linie A–B vereinigt alle Orte der Erde, wo gerade Mittag beziehungsweise Mitternacht ist. Der Mitternachtsmeridian kreuzt zufällig gerade den Nordlichtpol (PP) und zieht über das östliche Nordamerika und New York, während in Ostasien über Irkutsk am Baikalsee und in Hinterindien die Sonne ihren höchsten Stand erreicht hat.

Der Magnetpol (MP) in Nordamerika und der Nordlichtpol (PP) in Nordwestgrönland sind lagegetreu eingezeichnet. Über Nordamerika flammt das Polarlicht. Der ovale Kreis aus Kreuzchen ist die Linie maximaler Nordlichthäufigkeit, die Europa am Nordkap streift, Asien dagegen nicht berührt und der exzentrischen Lage des Magnetpols wegen sich weit nach Amerika verlagert. Wir bekommen also in Amerika weit mehr Nordlichter zu sehen als in Asien, während Europa die Mitte hält.

In der Nähe von Singapore (bei B) auf der Halbinsel Malakka, das in der Nähe des Erdäquators liegt, steht die Sonne um diese Zeit, während sie in Mitteleuropa gerade aufgeht, senkrecht im Zenit. Hier prasselt jetzt unter Blitz und Donnerschlägen das tägliche Wärmegewitter herunter, denn wir befinden uns dort zur Tagundnachtgleiche im ersten Hauptjahresmaximum der Tropenregenzeit. Hier liegt damit das optimale Zentrum einer Wärmegewitterbildungszone, die sich von da aus konzentrisch über die Erde in die Morgen- und Abendgegenden ausbreitet.

Denken wir von diesem Zentrum aus nach allen Richtungen der Erde unsere Blicke ausgesandt durch die Gewitterzone hindurch, so sinkt für sie die Sonne, bei stillstehend gedachter Erde, immer tiefer herab, die Häufigkeit der Gewitter und Blitze läßt nach, und sie gelangen schließlich an eine kreisförmige Grenzlinie der Erde, wo die Sonne überall gerade noch 41° hoch steht. Jene schneidet den Mittagsmeridian im 49.° nördlicher (und südlicher) Breite in der Nähe des Baikalsees, den Äquator im 56.° und 154.° östlicher Länge im Indischen und im Stillen Ozean. Ziehen wir um den Äquatorpunkt des Sonnenzenitstandes bei Singapore auf dem Globus einen Kreis (E–F) mit dem Radius von 49 Breitengraden, so schließt er eine völlig regenbogenlose Mittags- beziehungsweise eine eigentliche Blitz- oder Gewitterbildungszone ein (*Figur 6: B*). Beim Überschreiten dieser Grenzlinie, die wir als Iriszonengrenze bezeichnen wollen, erscheinen in Tokio, am Baikalsee, in Afghanistan und Arabien die ersten kleinen, flachen Regenbögen – geeignete Witterung vorausgesetzt. Je weiter wir uns in diesem neuen Gebiet von unserem Ausgangspunkt entfernen und damit aber dem Morgen- und Abendkreis beziehungsweise dem Dämmerungsfarbenband der Erdeniris nähern, um so größer werden die Regenbögen. Alle diejenigen Orte, die einen gleichgroßen Regenbogen aufweisen, liegen auf konzentrischen, erdballumspannenden Kreisen, deren Mittelpunkt das Zentrum der Gewitterbildung, also auch der Blitze ist. Wir wollen diese Kreise als *Iso-iriden* bezeichnen. Mit dem Sichausdehnen der Iso-iriden, die einem größten Kreis auf der Kugel zustreben, dem Tag- und Nachtkreis, wachsen gleichsinnig die Regenbögen. Auf Iso-iride G–H steht die Sonne nur noch 20° hoch und die Regenbögen sind bereits zu halber Höhe emporgestiegen. Wir befinden uns auf der mittleren oder Meso-iride. Der Morgen- und Abendkreis entpuppt sich demnach als die Iso-iride optimaler Regenbogenentfaltung (Maximaliride). Dem Dämmerungsfarbenbogen auf der Nachthälfte der Erde tritt auf der Tagesseite des Planeten eine gürtelförmige, erdballumspannende *Regenbogenzone* zur Seite. Sie geht unter steter Zusammenziehung aller möglichen Regenbögen langsam in die geschilderte Gewitterzone über und schirmt diese gewissermaßen gegen die Gebiete der Morgen- und Abendkräfte ab. Dort, wo dieser Regenbogengürtel die Polargegenden (die Nordlichtzonen) und die Tropen (den Blitz- und Gewittergürtel) schneidet, wird dabei die Häufigkeit der Regenbögen reduziert.

Die Erde ist gleichsam wie die Augenlinse in der Iris in ihren Farbenbändern frei beweglich aufgehängt. Lassen wir unter ihnen sich die Erde weiter drehen und fixieren Jerusalem und Berlin, so tritt ersteres in wenigen Stunden in die Gewitterzone ein, während Berlin um diese Jahreszeit die Regenbogenzone nicht verläßt. Wir sehen die bereits für Regensburg oder Karlsruhe geschilderten Verhältnisse (Seite 28) unter einem neuen Aspekt. In der Aufeinanderfolge der Tage im Jahreslauf entsteht so das bereits in *Figur 1* dargestellte Bild der nördlichen Halbkugel.

Die urphänomenale Dreigestalt von Nordlicht, Blitz und Farbenbogen weitet sich vor unseren Augen zu einer dreigliedrigen Lichtorganisation, die die ganze Erde dreifach gegliedert umspannt. So wie der Regenbogen als Einzelphänomen vermittelt zwischen Blitz und Nordlicht, so verbindet der Dämmerungsfarbenbogen und der Regenbogengürtel die zweifache Polarlichtzone und den äquatorialen Gewittergürtel zu einer großen, dreigegliederten Einheit. Sie führen die Tagundnachtseite des Erdballs, rhythmisch vermittelnd, ineinander über. Zwischen die Polarität der an Mittag und Mitternacht, an Sommer und Winter, an Pol und Äquator gebundenen Nordlicht- und Blitzphänomene tritt ausgleichend und harmonisierend die mit den Morgen- und Abendkräften, den Frühlings- und Herbstzeiten verbundene merkurielle Farbenwirksamkeit. Sie erfährt in den beiden reinen Dämmerungsfarbenbögen ihre höchste Steigerung, denn in ihnen tritt wie aus einer höheren Ebene der Lichtwirksamkeiten jene Farbe in Erscheinung, die als einzige, von Schwarz und Weiß abgesehen, weder der funkelnde Tautropfen noch der Regenbogengürtel der Erde offenbart – das *Purpurrot.* Es entsteht, wenn wir den Regenbogen in der Mitte lösen und umstülpen und seine beiden Endfarben, das zum Kosmos hingerundete Gelbrot und das der Erde zugewandte Violett, vereinigen. Wir können auch, da das Ganze dem Teil stets übergeordnet ist, sagen: im Schoß des universellen, die einheitliche, große Erdeniris konstituierenden Farbenelementes des Purpurs schlummert die Regenbogenfarbigkeit und tritt am Morgen auf der Tagseite des Planeten, in vielen individuellen Sondergestalten auf der Erdoberfläche verkörpert, in Erscheinung. Aus dem Höhenelement des Purpurs empfängt der Regenbogen in der Tagesfrühe an der Schwelle des Morgenkreises seine Kraft und tritt als Hüter den mittäglichen Gewitterstürmen entgegen. Er gibt sie jeden Abend in dem Maße, als die Sonne, sich rötend, die Dämmerungsfarbigkeit aufruft, wieder zurück und verglüht als *roter* Bogen[13] in die makrokosmische Muttersphäre der Erdeniris.

Während auf dem luft- und wasserentblößten Mond Materie und Sonnenlicht unvermittelt aufeinanderprallen, vermag die Erde, wie wir gesehen haben, aus dem Zusammentreffen der Himmelswirkungen mit ihrem finsteren Eigenkern die Offenbarung einer vielfältigen Licht- und Farbenformenfülle zu erzeugen. Sie entringt sich so der Einsamkeit der schweigsamen Sternennacht, die auf dem Mond auch bei Tag weiterfunkelt, und erwacht aus dämmrigem Zwielicht im Purpurtraum der Höhen zum Eigenleben. Sie blaut im Himmelszelt, grünt im Pflanzenteppich, glitzert im Morgentau und blüht im Regenfarbenbogen der Morgensonne entgegen.

Alle die vielen Einzelbeobachtungen und Einzelexperimente der Naturwissenschaft, so führt Rudolf Steiner einmal aus, können nie zu einer wirklichen Gesamtauffassung der Natur führen, wenn nicht die Fähigkeit in dem Menschen entsteht, etwas Ähnliches draußen in der Natur zu schauen, wie man gegenüber den Einzelheiten, den Lebervorgängen, Nierenvorgängen, den Herzvorgängen usw., in der Totalität des menschlichen Organismus schauen kann. Rudolf Steiner führt dann aus, wie eine solche Totalanschauung erwachsen wird, wenn die einzelnen Phänomene in prinzipieller Weise in den Tageslauf beziehungsweise in den Jahreslauf eingegliedert werden, die jeweils eine Art Zeitorganismus darstellen, der in sich faßt eine Summe von Naturprozessen. Damit aber entsteht zugleich die Möglichkeit, den Menschen über jenes abstrakte Verhältnis zur Naturumgebung hinauszuführen, das er zu den Beschreibungen der physikalischen und chemischen Experimente hat oder zu dem, was ihm heute vielfach in der Pflanzenlehre oder Tierlehre gesagt wird. Denn im Tageslauf- und Jahreslauforganismus findet er gewissermaßen seinesgleichen. Wir glauben, in unseren Ausführungen mit Hilfe der goetheanistischen Art des Anschauens eine Stütze für diese Auffassung erbracht zu haben.

Sie liegt zugleich ganz in Goethes *künstlerischer* Weltauffassung. Faust wendet sich sehnsuchtsvoll zum Sonnenaufgang, zur Fülle des kosmischen Lichtes – doch: »leider schon geblendet, kehr' ich mich weg, vom Augenschmerz durchdrungen ... So bleibe denn die Sonne mir im Rükken!« – ruft der Erdenmensch, dessen Organisation noch nicht reif ist, die Fülle des Lichtes direkt zu erfassen. Muß er deshalb der Finsternis und dem Chaos der Elemente verfallen? Muß er, indem er von ihnen Besitz ergreift, das »Himmelslicht – er nennt's Vernunft –« unbedingt in weltfremden Abstraktionen, im Spekulieren und Irrlichtelieren vergeuden oder in der technischen Stoffbewältigung zur Befriedigung seiner Egoismen und zur Anstachelung des inneren Sturms der Leidenschaften mißbrauchen? Goethe gibt, dem inneren Licht vertrauend, die wegweisende Antwort, indem er unser Augenmerk auf den heilsamen Ausgleich von Polaritäten lenkt. Faust erblickt an der Grenze von Tag und Nacht im Morgenkreis der Erde stehend die milde Farbengestalt des Regenbogens. Angesichts des von der Erdenschwere ergriffenen Wassersturzes, der gleichzeitig vom schwerelosen kosmischen Lichtstrom durchwoben wird, entringen sich ihm die Worte, die unsere Betrachtungen zusammenfassen mögen:

Allein wie herrlich, diesem Sturm ersprießend,
Wölbt sich des bunten Bogens Wechseldauer,
Bald rein gezeichnet, bald in Luft zerfließend,
Umher verbreitend duftig kühle Schauer!
Der spiegelt ab das menschliche Bestreben.
Ihm sinne nach, und du begreifst genauer:
Am farbigen Abglanz haben wir das Leben.

Faust II, I

Halos und andere Lichtphänomene

Und siehe, ein Thron war gesetzt im Himmel, und auf dem Thron saß einer, und der da saß, war anzusehen gleichwie der Stein Jaspis und Sarder; und ein Regenbogen war um den Thron, anzusehen gleichwie ein Smaragd... Und vor dem Thron war es wie ein gläsernes Meer, gleich dem Kristall...

Offenbarung IV, 2–6

Im folgenden sollen uns noch einige Lichterscheinungen beschäftigen, von denen der Leser manche aus eigener Erfahrung kennt. Sie verdanken wie Hof- und Ringbildungen um Sonne und Mond ebenfalls ihre Entstehung jeweils bestimmten meteorologischen Faktoren.

Das Brockengespenst

Wenig bekannt ist die als Brockengespenst bezeichnete Erscheinung, die aber nicht nur am Brocken auftritt. Sie setzt voraus, daß der eigene Schatten des Beobachters von der Sonne auf eine relativ abgegrenzte Nebel- oder Wolkenwand geworfen wird. Dies ist meist nur im Gebirge, also auf einem erhöhten Standort möglich. Bei einer solchen Gelegenheit kann der Wanderer im Harz bei untergehender Sonne auf einer östlichen, aus dem Tal aufsteigenden Nebelwand seinen eigenen Schatten in erstaunlicher Vergrößerung erblicken, wobei besonders die eigenen Körperbewegungen diesem Dunkelriesen ein gespenstiges Leben verleihen. Rückt diese Nebelwand aber näher oder ist sie von Anfang an nicht allzuweit entfernt, so kommt es zu der überraschenden Erscheinung, daß der Beobachter seinen kleiner werdenden Schatten von einem strahlend-hellen Lichtschein umgeben sieht, der zudem um das Haupt herum am stärksten ist.

Der Verfasser hatte dieses Erlebnis gegen die Mittagszeit bei einer Gratwanderung in den Schweizer Alpen. Wer oberhalb von Beatenberg, vom Niederhorn ausgehend, in 2000 m Höhe zum Gemmenalphorn wandert, hat rechts einen nicht allzu steil abfallenden Berghang neben sich, während links ein steiler Abbruch in das Justistal erfolgt. Tritt man auf vorspringende Felsen, so blickt man in über 1000 m tiefe, gähnende Abgründe und schluchtenartige Steilformationen. Nach einem Regentag oder bei sonstiger entsprechender, nicht zu heißer Witterung steigen oft Wolkennebel den Steilhang empor oder verdichten sich in den Schluchten, ohne sich allzu hoch über den Grat erheben zu können, da der Höhenwind sie verweht. An einem solchen Tage erstand vor dem Wanderer, der von einer schmalen Felsennase in die grauen Nebelmassen des Abgrundes blickte, das »Brockengespenst«. Hier, wo Schwindelfreiheit erforderlich ist und jeder Fehltritt den sofortigen Tod bedeutet, zeigte sich die faszinierende Schatten-Lichtgestalt, als die Sonnenstrahlen plötzlich hinter einer Wolke hervorbrachen. Der in diesem Falle – wegen der bereits relativ hoch stehenden Sonne – etwas verkürzte Schatten war fast ganz von dem Lichtglanz umgeben. Da der Schatten auf die Realität der eigenen Leiblichkeit zurückweist und die wahrgenommene Gestalt jeder eigenen Arm- oder Körperbewegung folgt, hat man unmittelbar den Eindruck, auch selbst von einer solchen Licht- und Strahlenaura eingehüllt zu sein. Man blickt deshalb unwillkürlich an sich herunter und ist enttäuscht, nur den üblichen Alltagskörper vor sich zu haben. Unter bestimmten meteorologischen Bedingungen kann der Strahlenkranz auch in Form farbiger Ringe um den Kopf herum erscheinen. Das Phänomen wird deshalb auch als »Aureole« oder »Heiligenschein« bezeichnet.

Auch dieses seltene Erlebnis entsteht dadurch, daß die feinen Nebeltröpfchen als vielfach aufgeteilter Spiegel wirken und das Sonnenbild diffus reflektieren. Das Glitzern der Tautröpfchen, welches das mit dem Nullstrahl verbundene Strahlenbündel in sich zurückwirft (siehe Seite 85 und *Figur 13*), verwandelt sich in der Nebelwand in ein diffuses, aber lichtstarkes Sonnenspiegelbild, das mit dem Schattenwurf unseres Körpers scharf kontrastiert. Es kann übrigens in zarter Form auch wahrgenommen werden, wenn in der Morgenfrühe unser Schatten auf eine stark taubesäte Wiese fällt. Sogar der Schatten, den die

Abendsonne auf ein Stoppelfeld wirft, kann das Schattenhaupt des Betrachters in »goldenem« Glanz aufleuchten lassen. Auch hier wirken die glänzenden Strohhalmreste als eine Art Spiegel. Bei der farbigen Aureole werden zusätzlich Beugungsvorgänge des Lichtes zur Erklärung herangezogen.

Aber auch im Falle der Aureolenbildung dürfen wir uns, unabhängig von der physikalischen Erklärung, der Lichterscheinung selbst in ihrer Eigenart hingeben. Als solche besitzt auch sie, wie die noch zu schildernden Phänomene, einen ihr zukommenden Ausdrucks- und Erlebniswert, der unser sinnlich-sittliches Fühlen stark anzuregen vermag. Ruft sie doch die Frage in uns wach, ob unser lichtundurchlässiger Körpermensch nicht fortwährend von einem höheren Lichtmenschen durchdrungen wird. Sie kann uns unmittelbar an die Realität der Aura, an die Lichtverwandtschaft unserer unsichtbaren, höheren Wesenheit gemahnen wie der Schatten unserer Leiblichkeit selbst an die Problematik des Doppelgängers.

Die Halo-Erscheinungen

Es war in Rom, im Oktober 312 n. Chr., als Kaiser Konstantin, der später den Beinamen der Große erhielt, folgende Erscheinung hatte: Um die Stunde der Mittagszeit, da sich der Tag schon neigte, habe er, so sagte der Kaiser, mit eigenen Augen oben am Himmel über der Sonne das Siegeszeichen des Kreuzes, aus Licht gebildet gesehen und dabei die Worte gelesen: »Durch dieses siege!«

Da sei er in Verlegenheit gewesen, was denn diese Erscheinung bedeute. Während er aber dieses erwogen und noch lange nachgedacht habe, habe ihn die Nacht überrascht. Da habe sich ihm nun im Schlaf der Christus Gottes mit dem am Himmel erschienenen Zeichen gezeigt und ihm aufgetragen, das am Himmel geschaute Zeichen nachzubilden, und es bei seinen Kämpfen mit den Feinden als Schutzpanier zu gebrauchen. Nachdem dann der Kaiser gleich bei Tagesanbruch aufgestanden war, erzählte er seinen Freunden den geheimnisvollen Vorfall. Darauf berief er Künstler zu sich, die sich auf die Bearbeitung von Gold und Edelsteinen verstanden, setzte sich mitten unter sie, beschrieb ihnen die Gestalt des Zeichens und gab ihnen den Auftrag, dasselbe in Gold und Edelsteinen genau nachzubilden[14].

Mit dieser historischen Begebenheit betreten wir ein eigenes Bereich von Lichterscheinungen. Wer kennt nicht vom Aufblick zum Mond oder zur Sonne den Lichthof oder den gelegentlich zu sehenden grossen farbigen Ring um diese Gestirne, die *Halo* genannte Erscheinung? Im internationalen Sprachgebrauch versteht man heute unter den echten Halo-Erscheinungen alle Lichtphänomene am Himmel, die durch Spiegelung, durch Brechung oder teilweise auch durch Beugung an feinen atmosphärischen Eiskristallen in Gestalt heller Flecken, Kreise, Bögen usw. hervorgerufen werden. Lediglich der unmittelbar um Sonne und Mond befindliche, meist farbige Kranz, auch »Korona« genannt, der sich gelegentlich bei sehr hellen Sternen wie Jupiter oder Venus findet, und durch Beugung entsteht, wird davon ausgenommen. Diese Kränze können sich zu den großen, eindrucksvollen Lichthöfen verbreitern, die häufig beim Mond auftreten, und dann durch feine Wolken- oder Nebeltröpfchen bedingt sind. Beim Zusammenfließen und Größerwerden der Tröpfchen schrumpfen sie oder verschwinden ganz.

Auch diese Kränze und Höfe, die Sonne und Mond zu einem großen Sphärenwesen auszuweiten scheinen, sollte man in aller Unbefangenheit in ihrer Bildhaftigkeit auf sich wirken lassen können. Auch in diese so vergänglichen Erscheinungen *scheint* eine höhere Wirklichkeit *herein*. Diese trifft, wie alle die geschilderten Phänomene, auf ein unbewußtes, in uns schlummerndes Wissen; denn in den Tiefen unseres Wesens ist die Weisheit des Makrokosmos zusammengeronnen, sind Weltgesetze aller Ebenen der Schöpfung verdichtet. Bei entsprechender seelischer Hingabe vermögen die Phänomene selbst die in uns schlummernde Weisheit aufzuwecken. Diese befruchtet dann unser sinnlich-sittliches Fühlen und kann in der Seele als ein ahnendes Wissen aufsteigen, das uns tiefer mit der Geistigkeit der Welt verbindet.

Auch der Naturforscher sieht sich gezwungen, die heutigen mehr oder weniger begrenzten oder gar festen Himmelskörper aus wärme- und lichthaften Vorstufen ausgebreiteter, feiner Nebelmassen hervorgehen und sich verdichten zu lassen. Diesem Tatbestand liegt aber ein noch tieferer zugrunde! Im geisteswissenschaftlichen Sinn gehen alle materiellen Elemente aus dem übersinnlichen Mutterschoß höherer Sphären hervor. In diesem Sinn hat Rudolf Steiner bildhaft von der Sonne als »Fettauge in der Suppe« oder dem Mond als »Eisberg im Meer« – gemeint ist das von seiner physischen Umlaufbahn markierte Meer ätherischer Kräfte – gesprochen. Eine geistgemäße Astronomie der Zukunft wird sich den Begriff der Sphäre der Gestirne, den die Alten aus einem instinktiven Hellsehen und Hellhören heraus bilden konnten, in moderner Form wieder erobern müssen. So gesehen, können die Kränze, Höfe und alle Halo-Erscheinungen als Abglanz eines übersinnlichen Kräftewirkens empfunden werden, das auch heute noch in voller Realität mit den Gestirnen verbunden ist, sich jedoch unseren Sinnen im allgemeinen entzieht.

An sonnigen, kalten Wintertagen kann es vorkommen, daß wir trotz wolkenlosen Himmels, die uns umgebende Luft in feinsten Stäubchen erglitzern sehen. Die Kälte hat dann einen solchen Grad erreicht, daß der in der Luft vorhandene Wasserdampf unmittelbar zu kleinsten Eiskristallen kondensiert wird und die als »Diamantstaub« bezeichnete Erscheinung hervorruft. Denn bei null Grad vermag 1 cbm Luft noch 4,5, bei minus 20° aber nur noch knapp 1 g Wasser in gasförmigem Zustand festzuhalten. Um ähnliche Vorgänge handelt es sich, wenn in großen Höhen, wo im Sommer und selbst in den Tropen stets Temperaturen unter null Grad herrschen, die sogenannten Zirren- oder Eisnadelwolken entstehen. Alle Halo-Erscheinungen setzen also voraus, daß sich der Klarheit des flutenden Sonnenlichtes eine »Trübe« im Sinne Goethes entgegenstellt, auch wenn diese nur aus zarten, dünnen, kaum sichtbaren Eisschleiern besteht. Diese können sich allerdings bis zu kaum noch lichtdurchlässigen, grauweißen Wolken und Wolkendeckenschichten, wie es in den Zirrostratus-Wolken der Fall ist, verdichten, welche für die Halo-Entstehung besonders wichtig sind.

Die Halo-Erscheinungen, die im folgenden in aller Kürze näher beschrieben werden, zeigen eine ungewöhnliche, dem Laien meist unbekannte Mannigfaltigkeit. Alle Phänomene, welche die Sonne hervorbringt, vermag der Mond, wenn auch zumeist entsprechend abgeschwächt, ebenfalls zu produzieren.

Der gewöhnliche oder kleine Ring

Als Grunderscheinung darf ein Ring bezeichnet werden, der sich im Winkel von 22° um das Gestirn rundet (*Figur 7: ABCD*). Dieser »kleine Ring« zeigte sich unter 436 ge-

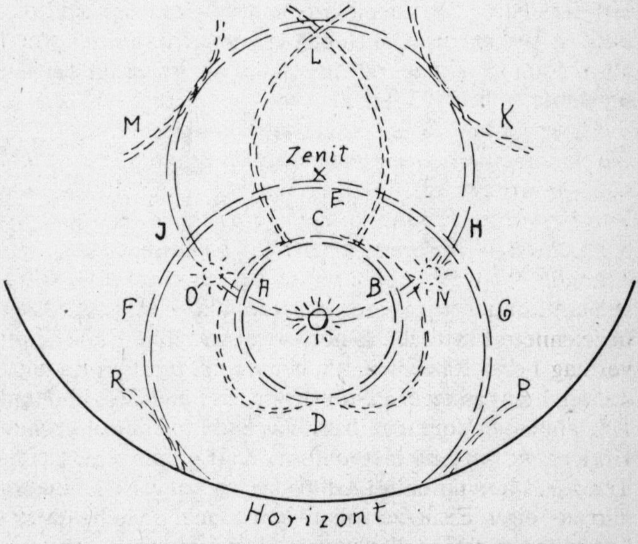

Figur 7. Die Halo-Erscheinung in Dorpat am 5. Juli 1849 (vergleiche Text).

sicherten Beobachtungen nur 51mal weiß, in den restlichen Fällen farbig. Dabei überwog rot (119mal) und orange (123mal) bei weitem. Im übrigen kam es neben gelb (15mal) zu verschiedenen Farbkombinationen wie rot-weiss, orange-weiss, rot-grün, rot-blau, rot-violett, rot-gelb-blau und anderen Kombinationen. Die rötliche Seite liegt stets innen. Die geordnete, totale Siebenfarbigkeit des Regenbogens scheint nie vollkommen aufzutreten.

Der große Ring

Ähnlich wie sich zum Regenbogen ein Nebenregenbogen gesellt, kann sich ein zweiter »großer Ring« um den ersten runden mit einer Spannweite von circa 88° bis 92° bilden (*Figur 7: EFG*). Er ist viel seltener, breiter und lichtschwächer als der erste Ring, aber in seinen Farben reiner, oft deutlicher getrennt und vor allem im Rot intensiver. Letztere Farbe tritt auch hier innen auf (also nicht spiegelbildlich verkehrt wie im Nebenregenbogen). Da der große Ring oft ungleich stark entwickelt ist, ist er im ganzen schwerer zu beobachten. Das vollkommene, kreisförmige Sichtbarwerden beider Ringe setzt natürlich voraus, daß die Sonne einen entsprechend hohen Stand hat.

Der Horizontal- oder Nebensonnenkreis

Ein dritter Lichtkreis, der Horizontalkreis, der allerdings noch seltener in voller, kreisrunder Ausbildung erscheint, geht von der Sonne selbst aus, ist weiß und durchkreuzt seitlich den kleinen und großen Kreis (*Figur 7: ABHI* und *KLM*). Oft fehlt das Stück innerhalb des gewöhnlichen Kreises. Er wird auch Nebensonnenkreis genannt, da auf ihm, auch wenn er selbst nicht oder nur teilweise erscheint, alle wichtigsten sogenannten Nebensonnen (siehe unten) liegen. Er tritt überall in gleicher Höhe wie die Sonne auf, also parallel zum Horizont (*Figur 9, Punkt 7*).

Der Zirkumzenitalbogen

Eine Gruppe weiterer Halo-Erscheinungen wird als »Bögen« bezeichnet. Der Zirkumzenitalbogen liegt auf einem gedachten Kreis, der den Zenit zum Mittelpunkt hat. Er geht zumeist durch den oberen Scheitel des grossen Kreises und kann sich nie zu einem vollen Kreis schliessen (*Figur 9, Punkt 5*). Er umspannt meist nur ein Drittel des Himmelsrundes und vermag sich maximal zum Halbkreis auszudehnen. In seltenen Fällen entwickelt sich auch am unteren Scheitel des großen Ringes ein solcher Bogen als Zirkumhorizontalbogen oder unterer Horizontalbogen.

Berührungsbogen

Am oberen und unteren Scheitel des gewöhnlichen Ringes kommt es häufig zu zweiseitig-symmetrischen Doppelbogenbildungen, die ähnliche Farbanordnungen wie die oben beschriebenen zeigen. Die Bogenformen verwandeln sich in eigentümlicher Weise kontinuierlich und streng gesetzmäßig mit steigender Sonne, wobei sich das obere und

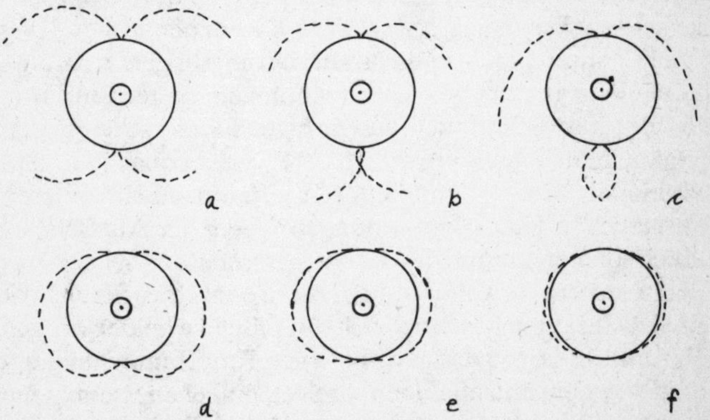

Figur 8. Metamorphosen der Berührungsbogen des gewöhnlichen Halo zum umschriebenen Ring bei verschiedener Sonnenhöhe (a=5°, b=15°, c=25°, d=35°, e=45°, f=55° Sonnenstand über dem Horizont).

untere Bogenpaar verschieden verhält (*Figur 8*). Während das untere Bogenpaar meist nur schwer zu beobachten oder nur von Berggipfeln aus zu sehen ist, kann das obere Paar unter günstigen Umständen so hell aufstrahlen, daß es »den Eindruck eines Hörnerpaares«[15] macht (*Figur 9, Punkt 6*). Diese »Widderhörner« senken sich mit steigender Sonne, während das untere Bogenpaar sich gleichzeitig zusammenzieht und langsam in eine sich vergrößernde Schleife übergeht (*Figur 8: abc*). Bei über 25° Sonnenhöhe öffnet sich diese Schleife und vereinigt sich bei 29,2° mit den herabreichenden Enden des oberen Berührungsbogens zu einer geschlossenen Form (*Figur 8: d, Figur 7: CD* und *NO*). Der neu entstandene, ellipsenähnliche Ring umschließt den Grundring mit steigender Sonne immer enger, um im Zenitstand der Sonne mit ihm zusammenzufallen (*Figur 8: e* und *f*). Die Metamorphosen des Berührungsbogens können auch auftreten, ohne daß der gewöhnliche Ring sichtbar ist. Manchmal wurde das obere »Hörnerpaar« auch so erlebt, als ob es mit seiner konvexen Seite auf dem Scheitel des gewöhnlichen Ringes aufsäße, was eine Figur ergibt, die an das Symbol des Tierkreiszeichens Stier erinnert. – Auch an den seitlichen Teilen des kleinen Ringes kommt es oft zu Berührungsbögen. Weiterhin ist zu erwarten, daß auch am großen Ring obere, untere und seitliche Berührungsbogen auftreten können, was konkrete Beobachtungen bestätigen. Alle diese stark wechselnden und farbigen Lichterscheinungen sind seltener und meist schwerer zu beobachten und verbinden sich oft kaum differenzierbar noch mit anderen zusätzlichen Halo-Erscheinungen (*Figur 7*). Als Beispiel einer solchen komplizierenden Ausgestaltung sei der Bogen von Parry erwähnt, den dieser Beobachter bereits vor über 140 Jahren beschrieb. Er verbindet die beiden oberen Berührungsbögen des gewöhnlichen Ringes miteinander – wobei in dem entstandenen, dreieckähnlichen Raum neue Lichteffekte in Form weisser Streifen beobachtet wurden – und wandelt sich ebenfalls mit dem Sonnenstand (*Figur 9, bei Punkt 8*).

Gewöhnliche Nebensonnen:

Sehr häufig kommt es in den seitlichen Teilen des kleinen Ringes bei Sonnenauf- und -untergang zu auffallend hellen, farbigen Lichtflecken, deren rote Seite der Sonne zugekehrt ist. Mit wachsendem Sonnenstand treten sie aus dem Ring als Nebensonnen heraus (*Figur 7,* bei *N* und *O*). Nicht selten bilden sie von der Sonne abgewandte Lichtschweife aus und erreichen eine blendende Helligkeit.

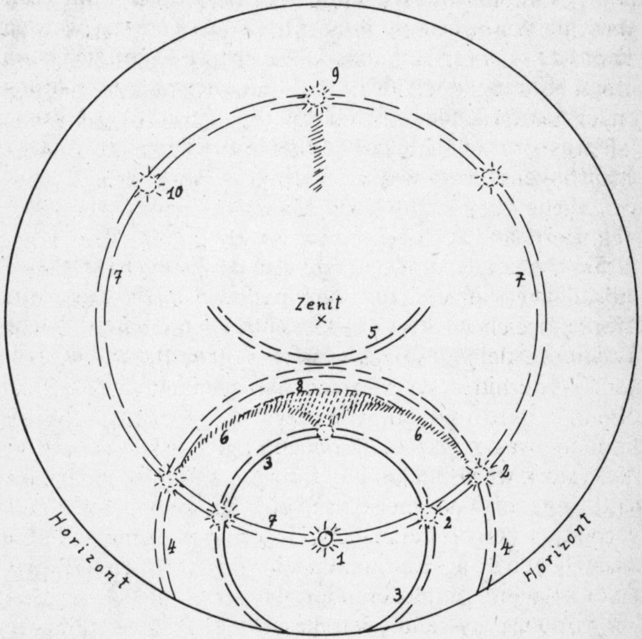

Figur 9. Die Halo-Erscheinung in Süd-Finnland am 10. März 1920 (kombiniert nach Zeichnungen verschiedener Beobachter). Das ganze Himmelsgewölbe ist in eine kreisförmige Fläche projiziert, deren Mittelpunkt der Zenit ist. 1 = Sonne, 2 = Nebensonnen, 3 = kleiner Ring, 4 = großer Ring, 5 = Berührungsbogen des großen Rings, 6 = Berührungsbogen des kleinen Rings (»Hörner«) mit Bogen nach Parry (8), 7 = Nebensonnenkreis, 9 = Gegensonne (mit Strahleneffekt), 10 = Nebengegensonnen.

Die Gegensonne:

Sie kann in gleicher Höhe wie die Sonne in der entgegengesetzten Himmelsrichtung auftreten (*Figur 9, Punkt 9*). Sie vermag sogar Neben-Gegensonnen in circa 40°, 60° oder 90° Entfernung hervorzurufen, die stets auf dem Horizontalkreis liegen (*Figur 9, Punkt 10*). Als »Halo von Bougue« wird ein weisser Ring von 38° Halbmesser um den Gegenpunkt der Sonne bezeichnet.

Die Untersonne:

Sie stellt ein oft blendendes Spiegelbild der Sonne dar, das nur von stark erhöhten Orten aus gesehen werden kann, da es unter Horizont-Höhe liegt. Es kann sich beim Blick auf eine kaum sichtbare, tiefer liegende Schichtung von Eiskriställchen bilden, die als Spiegel eines »gläsernen Meeres« wirken, ähnlich wie eine Wasseroberfläche (siehe Motto dieses Kapitels).

Die Lichtsäulen:

Sie erscheinen als senkrecht von der Sonne in Gestirnsbreite aufsteigende, mit zunehmender Entfernung verblassende, oft auch sich zuspitzende Lichtstreifen. Solche Sonnen- oder Mondsäulen bilden sich besonders bei nied-

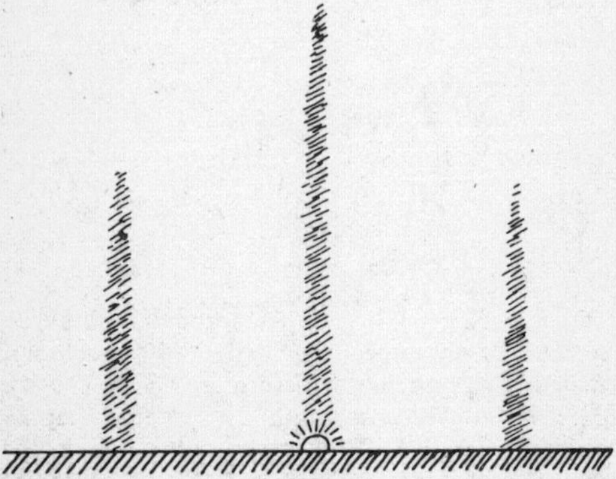

Figur 10. Sonnensäule bei Sonnenaufgang mit zwei Nebensonnensäulen.

rigem Stand der großen beiden Himmelslichter aus. Sie können bis 25° Höhe und mehr erreichen. Auch nach unten ausstrahlende Säulen kommen vor. In den Weiten Rußlands werden so oft bei Sonnenaufgang zwei Lichtsäulen links und rechts neben der Sonne beobachtet, daß diese Halo-Erscheinung sogar in russischen Bauernregeln eine Rolle spielt (*Figur 10*).

Diese Sonnenbegleiter werden als die besonders stark hervortretenden seitlichen, senkrechten Teile des kleinen Ringes gedeutet. Vielleicht könnte man sie auch als Säulen der Nebensonnen auffassen.

Das Sonnenkreuz

Zu einer Halo-Erscheinung, die schon mehr als einmal viel Aufsehen erregt hat, gehört das um die Sonne (oder den Mond) sich ausbildende Lichtkreuz. Es kann dadurch entstehen, daß die obere und untere Sonnensäule gleichzeitig mit einem Stück des Horizontalkreises aufleuchten. Die Lichtkreuze wurden in den Polargegenden häufiger beobachtet. *Figur 11* zeigt ein Sonnenkreuz im gewöhnlichen Ring, das einer Halo-Erscheinung nachgebildet ist, wie sie am 30. Mai 1912 (allerdings am aufgehenden Mond) in Weddelsee von Barkow beobachtet wurde. Der

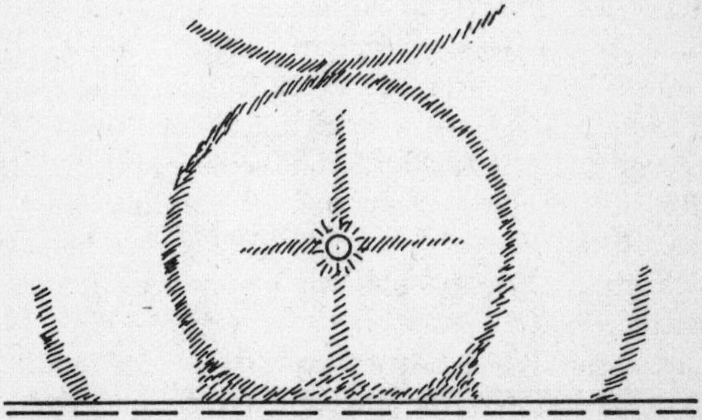

Figur 11. Sonnenkreuz im kleinen Ring mit seitlichen Andeutungen des großen Rings und oberen Berührungsbogens (vergleiche Text).

Ring scheint, auf dem Horizont aufsitzend, verbreitert, läßt am Scheitel den oberen Berührungsbogen erkennen und wird seitlich von zwei Teilen des großen Ringes flankiert.

Zu den hier geschilderten Halo-Phänomenen kommen noch viele weitere, seltenere oder ganz außergewöhnliche Erscheinungen, auf deren Erwähnung verzichtet werden muß, hinzu. Nach Rudolf Meyer muß man »sogar annehmen, daß unter besonders günstigen Umständen auch jetzt noch weitere, bisher nie beobachtete Erscheinungen auftreten können. Sicher bietet die große Mannigfaltigkeit der Gestalt von Eiskristallen noch viele, nicht erschöpfte Möglichkeiten«.[15]

Halo-Symphonie

Alle die geschilderten Phänomene können einzeln oder in vielfältig variierenden Kombinationen auftreten und sich zu einmaligen, großartigen und unvergeßlichen Lichtkompositionen steigern, die mit ihrer Konfiguration das ganze blaue Himmelsgewölbe erfüllen. Die Weltliteratur enthält einige solcher Schilderungen in klassischer Form. Aus ihnen seien zwei Halo-Erscheinungen herausgegriffen, darunter die einzigartige, welche in Südfinnland am 10. März 1920 beobachtet wurde. Sie war vor allen Dingen durch das Erscheinen von 8 Nebensonnen (darunter der Gegensonne und deren Nebensonnen) sowie durch das Erscheinen des Bogens von Parry ausgezeichnet (*Figur 9*). Johannsen gibt an, daß dabei 29 Einzelerscheinungen zu sehen waren. Bei Berücksichtigung symmetrischer Phänomene und nach Abzug der Sonne selbst reduziert sich nach Rudolf Meyer diese Zahl auf 19 verschiedene Einzel-Halos. Bisher wurden nie mehr als 12 Einzelerscheinungen gleichzeitig beobachtet wie erstmals im Petersburger Phänomen von 1794.

Eine besonders eindrucksvolle Halo-Erscheinung war auch am 5. Juli 1849 in Dorpat aufgetreten (*Figur 7*), die alle typischen Ringbildungen zeigt, zusätzlich seltenere Bogensegmente (*Figur 7: PRKM*).

Häufigkeit

Die Halo-Erscheinungen sind viel häufiger, als gemeinhin angenommen wird. In 10 Jahren wurden zum Beispiel in Holland auf den meteorologischen Stationen über 1689 Tage gezählt, an denen es dazu kam, das heißt, es wurde jeden zweiten bis dritten Tag ein Halo beobachtet. In Paris wurden auf dem Observatorium von Montsouris im Zeitraum von 26 Jahren jährlich durchschnittlich 150 Tage mit Halo-Erscheinungen verzeichnet. Selbst in den Tropen wurden relativ hohe Zahlen gefunden, so in Niederländisch-Indien an 76 Tagen. Der häufigste Halo, der gewöhnliche Ring, wurde in Paris 130mal um die Sonne und 40mal um den Mond im Jahr gesehen. Den großen Ring oder Teile davon kann man zehnmal im Jahr erblicken, die Erscheinung der Gegensonne hingegen nur einmal in zehn Jahren. Die Lichtsäulen über Sonne und Mond sind weit häufiger und können meist dreimal oder öfter im Jahr gesehen werden. Die Kombination verschiedenster Halo-Erscheinungen untereinander weist auch wieder charakteristische Korrelationen und Häufigkeitsquoten auf.

Physikalische Erklärung

Auf die physikalische Erklärung der verschiedenen Halo-Erscheinungen wurde viel Fleiß und Intelligenz verwandt, so daß ein Wissenschaftszweig für sich entstand, der als charakteristisch empfunden werden kann für das die Sinnenwelt in der Neuzeit ergreifende Bewußtsein des Abendlandes.

Neben der Sonnenhöhe ist für die hundertfach differenzierte Art der Spiegelung und Brechung des Sonnenlichtstromes in den einzelnen Eiskristallen vor allem deren Gestalt und Lage entscheidend. Das Wasser kristallisiert – wie jedermann an kleinen Schneesternchen ablesen kann – in sechsseitigen Formen. Wichtig war aber die Erkenntnis, daß es alle Übergangsformen von längeren sechsseitigen Prismen, die zu Recht als »Eisnadeln« bezeichnet werden können, zu horizontal ausgebildeten sechseckigen Blättchen und regelmäßigen Blättchensternen gibt. Die Kantenlängen dieser echten, wohlausgebildeten, meist einschlußfreien, klaren Kristalle beträgt gewöhnlich nur Bruchteile von Millimetern. Ein sechsseitiges Prisma, doppelt so lang als breit, also einem Bergkristall ohne Spitzen ähnlich, darf als Mittelform angesprochen werden.

Die Kristalle können regellos im Raume verstreut in allen denkbaren Lagen auftreten, was der Physiker die »ideale Unordnung« nennt. Viele Erscheinungen zwingen aber dazu, bestimmte Lagen, zum Beispiel eine vorwiegend waagrechte oder senkrechte Stellung vorauszusetzen, wobei es beim langsamen Fallen zu komplizierenden Pendel- und Drehbewegungen kommen kann. Bei vollkommener Unordnung zum Beispiel zeigt sich der gewöhnliche Ring, der beim langsamen Übergehen der Kristalle in die Vertikalstellung die Nebensonnen in Erscheinung treten läßt, um bei vollkommener Vertikalstellung selbst zu verschwinden, während die Nebensonnen blendend aufstrahlen. Bei überwiegender Horizontalstellung treten die Scheitelphänomene dieses Ringes immer stärker hervor, verkompliziert durch die Tatsache, daß waagrecht liegende Kristalle parallel ausgerichtet oder nach allen Richtungen gedreht sein können. Es gehört zu den Meisterleistungen der Naturwissenschaft, daß Pernter, der Verfasser des 1902 zum ersten Mal erschienenen Standardwerkes über meteorologische Optik[16], die Metamorphose der »Hörner« und des umschriebenen Ringes um den Grundring theoretisch berechnen und damit voraussagen beziehungsweise erklären konnte. Hier verzichten wir auf eine weitere Differenzierung solcher analytischen Bemühungen wissenschaftlicher Akribie. Es ist aber ohne weiteres verständlich, daß die Vielfalt der Halo-Erscheinungen und der ihnen zugrunde liegenden Kristallformen zur Erklärung ersterer eine weitaus größere Denkbarkeit erfordern als diejenige des Regenbogens, dessen Entstehung aus der einheitlichen Kugelgestalt des Tropfens herzuleiten ist.

Auch derjenige, welcher von den technischen Vorgängen im Räderwerk seiner Uhr gar nichts versteht, kann ihre Zeigerstellung ablesen und sich ihrer sinnvoll als Zeitmesser bedienen. So muß sich der unbefangene Beobachter der Halo-Erscheinungen aufgerufen fühlen, dieselben im goetheschen Sinne als großartige Lichtphänomene selbst die Lehre werden zu lassen, unabhängig von den physikalischen Bedingungen ihres Entstehens. Auch Rudolf Meyer empfindet ähnlich, wenn er in der Einleitung zu seinem Spezialwerk *Die Halo-Erscheinungen* schreibt: »Heute herrschen in der Naturwissenschaft, auch in der meteorologischen Optik, das verstandesmäßige Denken und die Mathematik«, aber »in Licht und Farbe bieten auch die Halo-Erscheinungen unendlich viel Schönes; es ist ein Zusammenwirken von naturwissenschaftlichem Denken und ästhetischem Empfinden möglich, das wohl als die vollkommenste Art der Naturbetrachtung gelten darf«[15]. Schon bei Betrachtung des blauen Himmels hatten wir darauf hingewiesen, von welcher Bedeutung die Entwicklung echter, sinnlich-sittlicher Gefühle an den Naturerscheinungen für die Erkenntnisfähigkeit der Menschenseele werden kann. Bei der Betrachtung der Halo-Phänomene dürfen wir Zeuge sein, wie das blaue, stille Rund, das uns zum Frommsein stimmt, sich mit der Erscheinung himmlischer Lichtgestaltungen belebt, die sich um die Sonne scharen. In ruhigem, farbigem Leuchteglanz erstrahlend, wirken sie in überraschenden, sich stetig wandelnden Ordnungen in einer lichten Höhenwelt kristallklarer Reinheit gesetzmäßig zusammen. Dabei treten neue Sonnenbildgestalten in Erscheinung. Diese Fülle hehren Lichteswebens vermag das menschliche Gemüt tief zu ergreifen.

Die alten Germanen haben den Regenbogen als Brücke angesehen, auf der die Asen als göttliche Lichtgestalten zur Erde herabsteigen. Die Indianer hinwiederum erlebten in ihm die Brücke, welche die verstorbenen Seelen in die Ewigkeit emporführt. Wie könnte eine geistgemäße Mythologie der Halo-Erscheinungen aussehen? Werden aus einer neuen, imaginativen Fähigkeit Dichter der Zukunft entsprechende Lichtmythen hervorgehen lassen?

Um den Halo-Erscheinungen noch einen tieferen Gesichtspunkt abzugewinnen und zugleich unsere Betrachtungen zusammenzufassen, versetzen wir uns nochmals auf den Felsenvorsprung des Niederhorngrates und lassen im Geiste folgende Metamorphosen sich abspielen: Nehmen wir an, wir erblicken – die Sonne im Rücken – auf der nahen Nebelwand unseren Schatten mit der voll ausgebildeten, farbigen Aureole um das Haupt. Indem die Nebelwand sich langsam entfernt, verblassen die Farben in einer hellen Strahlenaura, die den ganzen Schatten umleuchtet und mit scheinbarem Größerwerden desselben schließlich verleuchtet, bis auch der Schattenriese in feinem Nieselregen verschwindet. Da glänzt im nächsten Umkreis, unsere Blicke weitend, ein weißer Lichtstreifen auf: der Nebelregenbogen, der bald mit zunehmender Verdichtung des Tropfengeriesels im Lichtstrom der Sonne als voll entfalteter Farbenbogen erstrahlt. In dem in die Tiefe des Tales fallenden Regenstrom rundet er sich schließlich zum geschlossenen Farbenkreis, in dessen Mitte wir unseren aufgelösten Schatten ahnen. Wir erkennen in dem großen Lichtrund die verwandelte, gesteigerte kleine Aureole und wundern uns nicht, daß der Regenbogen mit uns weiterwandert.

Jetzt treten wir auf den sicheren Hang des Grates zurück und blicken auf zum Ursprung der geschauten Lichtmetamorphose, zur Sonne. Wir sehen sie umgeben von einer farbenstrahlenden Korona, die uns an die soeben verblaßte Aureole erinnert. Sie geht über in einen hellen Lichthof, der von zart schimmernden Farbkreisen abgelöst und von einem bunten Farbenring begrenzt wird, dem typischen Halo. Die innige Verwandtschaft beider Lichtphänomene im nahen Nebel und Regenstrom auf der Erde und in den fernen, kristalldurchglitzerten, klaren Höhen ist unverkennbar. Blicken wir nicht wie zu einem himmlischen, von uns losgelösten Urbild der mit uns in der Erdentiefe verbundenen Lichtmetamorphosen auf? Wir überlassen es jetzt dem Leser, sich, auf dem Grundhalo aufbauend, eine ganze Halo-Lichtsymphonie auszumalen.

Es stellt sich die Frage, ob wir in der Vielfalt der Halo-

Konfigurationen richtungweisende Ordnungsprinzipien zu erkennen vermögen, die sie als eine zwar vielgegliederte, aber sinnvolle Ganzheit erscheinen lassen?

In den vollendeten Ringen dürfen wir den Ausdruck rein kosmischer Gesetzmäßigkeiten sehen. Der Kreis galt seit eh und je als Urbild göttlicher Vollendung. Demgemäß sind die Lichtringe, der kleine und der große Ring, auf das Rund der Sonne als kosmischen Körper selbst hinorientiert. In den horizontal liegenden Kreisen und Bögen aber gehen die Lichtgestalten in der Orientierung an Zenit und Horizont eine Bindung an die Erde, ja an den betreffenden Erdenort selber ein. Dabei zerfällt die Kreisvollendung in Bogenstücke (Zirkumzenital- und unterer Horizontalbogen). In der Betonung der beiden Scheitelstellen und Seitenteile des Grundkreises als Ansatzpunkt der Berührungsbögen und Nebensonnen wird hingegen die Erdengesetzmäßigkeit des rechten Winkels herausgearbeitet; diese tritt auch in der Sonnensäule auf; in der so entstehenden Vierheit beziehungsweise Vierteilung wird das Urgesetz der irdischen Raumordnung ausgesprochen. Dieser Prozeß erreicht in der Bildung des Lichtkreuzes durch die Senkrechte der Sonnensäule und die Waagrechte des Nebensonnenkreises, die den Grundkreis durchschneidet, einen Höhepunkt. Auch die Halo-Gestalten fordern uns auf, das indische Weisheitswort »Tat twam asi« – »Das bist du« zu verwirklichen. Der aufschießende Lichtobelisk der Sonnensäule spricht unmittelbar die in uns wirkende Aufrichtekraft an, welche uns jeden Morgen der Waagrechten des Schlafes entreißt und erdentüchtig in die Senkrechte unseres wachen Tageslebens hineinstellt. Das Rund der Sonnenringe gemahnt uns hingegen an die Rundung unseres Hauptes, in dem das menschgewordene Himmelslicht der Vernunft ichhaft aufstrahlt. Die angedeutete Polarität im menschlichen Organismus wird bekanntlich durch das rhythmische System vermittelt, dessen von den Rippenbögen umwölbtes, sonnenhaftes Zentralorgan, das Herz, in seiner Vierkammerigkeit ebenfalls die Signatur des Kreuzes in sich birgt. Bei dieser Gelegenheit dürfen wir auch der physiologischen Tatsache gedenken, daß der Sonnentageslauf nicht nur den Grundrhythmus unseres Lebens (Wachen-Schlafen) regelt, sondern die Aufnahme und Verarbeitung des Sonnenlichtes über die Haut im Zusammenhang mit dem Vitamin-D-Prozeß uns erst die Ausarbeitung unserer menschlichen Gestalt bis in das Knochensystem ermöglicht, das Rudolf Steiner als »Bild der Ichorganisation« bezeichnet hat. In der Tat wären wir ohne das Sonnenlicht verkrüppelte, rachitische Mißgestalten.

Wir haben es bei den Halo-Erscheinungen mit zwei zueinander polaren Bildungsprozessen zu tun. Zwischen den erdzugewandten und den sonnengebundenen Formen vermitteln die verschiedenen Lichtbögen wie in merkuriellen Regenbogenfunktionen. Diese Mittlerfunktion findet in den fließend sich verwandelnden Formen der Bogenhörner zum Umkreisring des Grundhalo einen besonderen Ausdruck. So tasten wir uns in dem vielfältigen Leuchtewalten der Halo-Gestalten und ihrer Metamorphosen an ein dreigliedriges Grundgeschehen heran, in dem sich kosmische und irdische Aspekte sinnvoll verweben. Es gipfelt im Aufleuchten neuer, individueller Sonnenbild-Gestalten, den Sondersonnen.

Jahreszeitlich gesehen, fällt das Maximum der Halo-Erscheinungen in die Frühlingsmonate März, April und Mai. Da die Halo-Phänomene auf allen Breitengraden, also auch in den Tropen und in der Arktis sowie auf der Tag- und Nachtseite der Erde auftreten, sind sie, im Gegensatz zu allen anderen geschilderten Lichterscheinungen, als universales, erdballumspannendes Lichtgeschehen der Höhen aufzufassen. Es erweist sich dadurch allen anderen Lichtphänomenen übergeordnet.

Der Versuch, eine Beziehung zu den Perioden der Sonnenflecken herzustellen, ist bisher noch nicht eindeutig gelungen. Aber es taucht eine andere Frage auf. Die Entstehung der Eiskristalle in den Zirren und ihre verschiedenen Formen und Lagen sowie ihr Schweben und Fallen unterliegen noch weitgehend unbekannten Gesetzmäßigkeiten, sind aber selbstverständlich von übergeordneten meteorologischen Faktoren und Prozessen bestimmt. Daß in letztere planetarische Konstellationen hereinspielen, wie Kepler noch wußte, wird in Zukunft immer mehr wiederentdeckt werden. Damit eröffnet sich aber auch die Möglichkeit, daran zu denken, daß Eigenart und Auftreten der Halo-Erscheinungen letztlich von kosmischen Gesetzen des Umkreises mit beeinflußt werden. Vielleicht wird eine die kosmischen Kräfte und Rhythmen stärker mit einbeziehende Wissenschaft der Zukunft so in den Halo-Erscheinungen, was ihren Ausdruckswert und individuelle Erscheinungsform anbelangt, das Zusammenspiel der Sonne mit dem planetarischen Umkreis hereingespiegelt finden und in den Lichtkonfigurationen den lichthaften und farbigen Abglanz dessen entdecken, was die Alten als Sphärenharmonie noch erlebten.

Anhang

Zur Entstehung des Regenbogens

Des Wissens Stückwerk,
Wenn es so lieblich dich
Beglückt, wie selig
Wirst du das Ganze schauen!
Joh. Kepler, Gottes Hymne

Bei der vorliegenden Studie haben wir uns vorwiegend der phänomenologischen Betrachtungsweise bedient im Sinne Goethes, welcher der Überzeugung war: die Phänomene selbst sind die Lehre. Tatsächlich läßt diese Art des Vorgehens den in der Natur in Erscheinung tretenden Ideengehalt der Welt aufleuchten und vermag zu einer ganzheitlichen Betrachtung vieler, sonst oft auseinanderfallender Einzelheiten zu führen. Aber nicht nur bei moralischen Ideen des Menschen sind zur Verwirklichung gewisse organisatorische und technische Voraussetzungen erforderlich. Auch in der Natur ist die Manifestation ihrer Geistigkeit an bestimmte Bedingungen gebunden. Und so, wie der Uhrmacher sich im Räderwerk der Uhr auskennen muß, liegt etwas Berechtigtes darin, oben genannte Voraussetzungen zu erforschen, wozu die analytische Methodik erforderlich ist. Ihrer bedient sich der heutige Naturforscher in so erfolgreicher, wenn auch zumeist einseitiger Weise.

Gerade beim Regenbogen stellt der Beobachter oft die Frage nach den physikalischen Bedingungen seiner Entstehung. Gar zu rätselhaft mutet uns zum Beispiel, von der Entstehung der Farbigkeit ganz abgesehen, seine vollendete Rundung oder das geschilderte Mitwandern mit dem sich bewegenden Beobachter an. Trotz der Schilderung des Strahlenganges im Einzeltropfen in den üblichen populären Physikbüchern bleiben gerade diese Fragen oft unklar. Von der physikalischen Seite her kann die Entstehung eines Regenbogens nur verstanden werden, wenn wir zu überschauen vermögen, was in dem einzelnen, vom Sonnenlicht getroffenen und durchstrahlten Regentropfen vorgeht. Hierbei ist nicht nur die Substanz und Lichtdurchlässigkeit des Wassers, sondern vor allem die Kugelgestalt, die während des freien Falles sich bildet und ihren kurzen Bestand hat, entscheidend. Ist doch der Tropfen einem kugelrunden Prisma zu vergleichen.

Nur selten haben wir Gelegenheit, einen vollkommenen, lichtdurchstrahlten Tropfen in Ruhe zu beobachten. Um von der rein goetheanistischen Betrachtung einen Übergang zur physikalisch-optischen Analyse zu schaffen, müssen wir jedoch einen solchen finden.

Wir können dabei zurückgreifen auf die Schilderung der im Tautropfen entstehenden Farbigkeit. Das bereits beschriebene Tautropfenphänomen (Seite 38) zeigt uns, daß der den Tropfen treffende Teil des Lichtstroms von diesem in einer komplizierten Weise verändert oder verarbeitet wird. Wir müssen bei einer optischen Analyse in verstandesmäßiger Abstraktion uns auf künstlich ausgedachte Lichtlinien beschränken, um das Strahlengeschehen im Tau- oder Regentropfen einigermaßen zu verstehen. Spielen doch die physikalisch bekannten Reflexions-, Beugungs- und Brechungsgesetze des Lichtes, durch die Tropfenrundung bedingt, in vielfältiger Weise zusammen. Denn jeder einzeln gedachte Strahl des zunächst parallelen Strahlenbündels trifft in einem andern Winkel auf die gekrümmte Kugeloberfläche auf. Alle auftreffenden Strahlen werden deshalb in sich stetig abwandelnder Weise beeinflußt. Bei ihrem Herankommen wird ein Teil des Lichtes von der vorderseitigen Halbkugelfläche nach fast allen Seiten reflektiert und zerstreut. Der in den Tropfen eindringende Teil wird in der Richtung abgebeugt und an der Innenseite der hinteren Halbkugelfläche des Tropfens reflektiert. Nur der durch den Mittelpunkt des Tropfens gehende sogenannte Nullstrahl wird als einziger nicht gebrochen, sondern an der Rückwand in sich selbst zurückgeworfen und, von vorne gesehen, als farbloses Glitzern des Tropfens im Sinne eines winzigen Spiegelbildes der Sonne wahrgenommen.

Für unsere Betrachtung aber ist der Teil des Lichtstromes besonders wichtig, der wie in einem Glasprisma nicht nur abgelenkt, sondern zugleich gebrochen wird und in

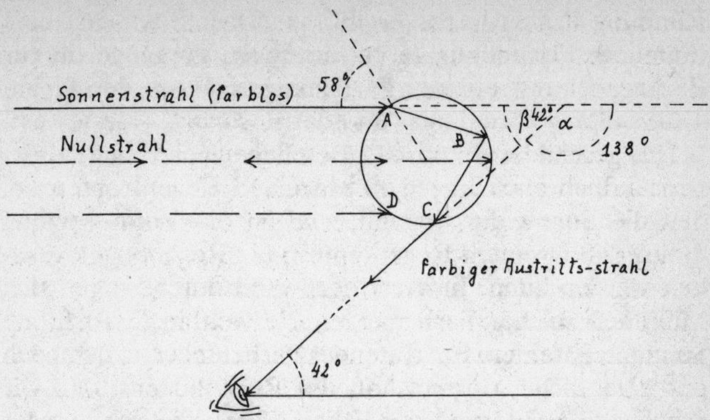

Figur 12. Strahlengang im Regentropfen. Beugung und Brechung des Lichtes bei A und C, Reflexion bei B.

den bekannten Farben des Spektrums im Sinne des oben geschilderten Farbenkegels austritt. *Figur 12* greift aus diesem Strahlengeschehen einen einzigen Lichtstrahl heraus, der den Radius des Tropfens in einem Winkel von 58° schneidet. Der bei *A* in den Tropfen eintretende farblose Strahl wird sogleich in seiner Richtung abgelenkt und von der Rückwand des Tropfens bei *B* reflektiert, um diesen bei *C*, unter erneuter Brechung, farbig zu verlassen. Dabei entsteht eine symmetrische Strahlenfigur[17].

Im ganzen wird der Strahl durch seinen Gang durch den Tropfen um 138° von seiner ursprünglichen Richtung abgelenkt (*Figur 12*), so daß ein Winkel von 42°(β) entsteht, in dem er im Verhältnis zur ursprünglichen Richtung der Sonnenstrahlen das Auge des Beobachters erreicht. Um diesen Winkel gedreht, müssen wir zur Seite treten, um das Farbenspiel des Tautropfens sehen zu können. Letzteres kann aber nur entstehen, weil der bezeichnete Strahl ja nur einer von unendlich vielen ist, die ringsum kreisförmig in den Tropfen eindringen, von dem die Zeichnung nur eine einzige Schnittfläche wiedergibt. So tritt zum Beispiel auch bei *D* ein Strahl ein, der genau den umgekehrten Weg geht und nach oben austritt. Denken wir uns die *Figur 12* um den Nullstrahl so gedreht, daß sich die

Rundung des Tropfens ergibt, so erhalten wir erst eine räumliche Vorstellung der tatsächlichen Vorgänge, die zur Bildung des austretenden Farbenkegels führen, den wir am Tautropfen wahrnehmen und der in *Figur 5* skizziert ist.

Das geschilderte optische Geschehen spielt sich selbstverständlich auch in jedem einzelnen Regentropfen ab, den die Sonne durchstrahlt, und ist die Voraussetzung dafür, daß in einem Regenteppich ein Regenbogen gesehen werden kann. In der Regenwand durchdringen sich Millionen solcher Farbenkegel, die weithin in Richtung Sonne aufstrahlen. Ein flutendes Farbenmeer ist demnach der eigentliche Mutterschoß des Regenbogens, den wir erblicken. Auf Grund der Erkenntnisse, die sich aus der Betrachtung des physikalischen Geschehens im einzelnen Tropfen ergeben, können wir uns die Struktur dieser Farbensphäre annähernd vorstellen und auch verstehen, warum sie nicht in ihrer Totalität zu erblicken ist. Dazu stellen wir jetzt das offene Buch mit der *Figur 12* senkrecht vor uns hin und denken uns den gezeichneten Tropfen in der obersten Rundung des Regenbogens festgehalten. Dann wird ersichtlich, daß man bei Sonnenaufgang – also bei zur Erdoberfläche parallel einfallendem Licht – den Kopf um 42° erheben muß, um die oberste Stelle des Farbenbogens zu erfassen. Ist unser Tropfen etwa zwei Sonnenbreiten tiefer gefallen, so vermindert sich dieser Winkel um ein Grad. Jetzt sehen wir ihn in grüner Farbe inmitten des Regenbogens. Wieder zwei Sonnenbreiten tiefer baut er für unser Auge durch seinen violetten Farbenstrahl, der jetzt – am stärksten gebrochen – aufblitzt, am inneren Teil des Regenbogens mit. Beim weiteren Fall nimmt er, stets von der Sonne durchhellt, seinen Farbenfächer mit und strahlt ihn in das Farbenmeer hinein, dem Tagesgestirn entgegen; aber wir vermögen ihn nicht mehr wahrzunehmen.

Letzteres geht aus *Figur 13* hervor, die wiederum – in eine Fläche projiziert – den Tropfenfall, von der Seite her gesehen, mit den nach oben und unten austretenden Farbenstrahlen wiedergibt. Von allen Farben vermag das Auge nur den vom Tropfen *C* kommenden zu erblicken,

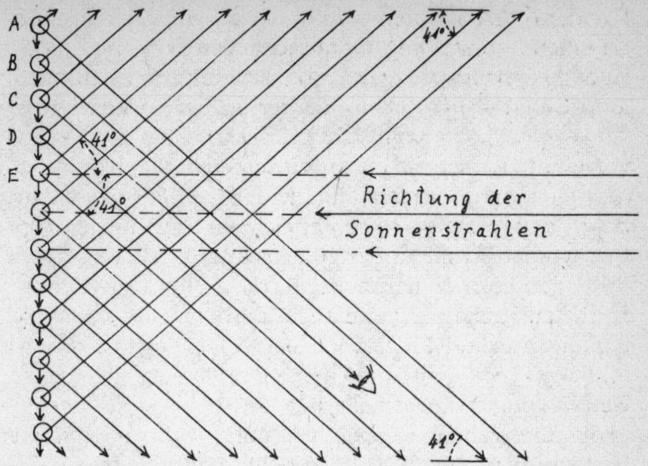

Figur 13. Entstehung der Farbsphäre als Mutterschoß des Regenbogens von der Seite her gesehen bei Sonnenauf- oder Sonnenuntergang. Der Tropfen bei C ist im Scheitel des Bogens zu denken.

während sich die Tropfen *A* und *B* noch oberhalb des Regenbogens und die Tropfen *D* und *E* bereits unterhalb desselben befinden.

Figur 14 stellt einen Ausschnitt der Farbensphäre, von oben her gesehen, wiederum bei Sonnenauf- oder Sonnenuntergang dar. Der Beobachter bei *D* vermag aus der Farbenflut nur von zwei Richtungen her die Farbenstrahlen, nämlich diejenigen, welche von *A* und *B* herkommen, ins Auge zu fassen. Dabei müssen wir uns die Tropfenreihe in die Tiefe hinein fortgesetzt denken. Die Punkte *A* und *B* entsprechen den beiden Auftreffpunkten des Regenbogens auf der Erdoberfläche und liegen um die Spannweite des Regenbogens, nämlich 2×42°=84°, auseinander. Alle anderen Tropfen sieht der Beobachter bei *D* farblos, da ihre Farbenstrahlen sein Auge nicht treffen. Hingegen würde zum Beispiel ein Beobachter bei *E* den linken Auftreffpunkt seiner Regenbogen-Erscheinung bei *C* erblicken. Sobald dieser zweite Beobachter sich nach links in Richtung des Punktes *D* bewegt, dringen nacheinander die von den

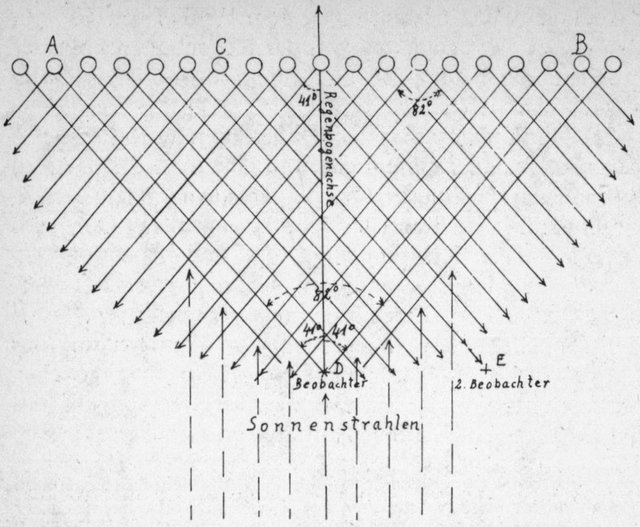

Figur 14. Farbensphäre des Regenbogens (schematisch) von oben her gesehen. Der Beobachter bei D sieht den linken Auftreffpunkt bei A, der zweite Beobachter bei C niedergehen.

Tropfen zwischen Punkt *C* und *A* kommenden Farbenstrahlen in sein Auge. Er gewinnt dadurch den Eindruck, daß der Auftreffpunkt des Regenbogens, und damit der ganze Bogen, nach links weiterwandert. In Wirklichkeit sieht er fließend ineinanderübergehende Regenbogen-Erscheinungen. Ein dritter Beobachter, der an die Stelle von *E* tritt, würde deshalb weiterhin die von seinem Vorgänger wahrgenommene Regenbogen-Erscheinung erblicken.

Bei fast jedem kräftigen Regenfall wird der Hauptregenbogen zugleich von einem größeren, aber farbenschwächeren Nebenregenbogen überwölbt. Dieser erhebt sich etwa 18 Sonnenbreiten (9°) über dem Primärbogen und hat in optimaler Entfaltung bei Sonnenuntergang demnach eine Spannweite von 100°, also mehr als ein Viertel des Gesamthorizontes. Wenn wir zu seinen Auftreffstellen auf der Erdoberfläche die Arme ausstrecken, müssen wir sie über den rechten Winkel hinaus auseinandernehmen. Wie kommt es zu dem Winkel von 50°, um den dieser Farbenmantel, von der Regenbogenachse her gesehen, die beiden Bögen gemeinsam ist, schirmartig ausgespannt erscheint?

Die Optik erklärt dies durch eine doppelte Reflexion an der spiegelnden Tropfeninnenwand. Wie aus *Figur 15* zu ersehen ist, tritt dieses Mal der entscheidende Sonnenstrahl am unteren Rand des Tropfens bei *A* ein. Dort wird er so aus seiner Richtung abgelenkt, daß er bei *B* und *C* von der Tropfenrückwand, also zweimal, reflektiert wird, um schließlich bei *D* erneut gebrochen auszutreten. Durch die doppelte innere Spiegelung wird die Ordnung des Spektralfächers – wie jedes Spiegelbild – umgekehrt. Dadurch erscheint die Farbenfolge des Nebenbogens umgewandelt gegenüber dem Hauptbogen. Seine blauviolette Seite ist nach außen gekehrt. Die doppelte Spiegelung und der längere Weg im Tropfen bedingen aber eine größere Abschwächung des Sonnenlichtes, so daß der Neben-

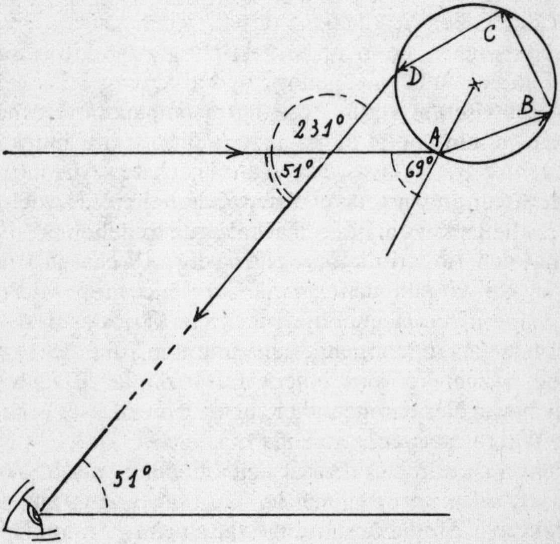

Figur 15. Strahlengang mit doppelter Reflexion im Regentropfen, der zur Entstehung des Nebenregenbogens führt.

regenbogen, was seine Farbintensität anlangt, immer schwächer erscheinen muß.

Im ganzen wurde der Strahl um 231° gedreht und weicht um 50° von der ursprünglichen Richtung ab. Wiederum erblicken wir, von unserem Standort aus gesehen, um das Maß dieses Winkelabstandes von der Regenbogenachse den entstehenden übergeordneten Farbenkegel heranfluten. Er kann uns zugleich zum Bewußtsein bringen, daß das erste Farbenmeer von einer zweiten Farbensphäre durchdrungen ist.

Die Regenbogenfarbigkeit, welche der Betrachter aus dem allgemeinen Farbenfluten der Regenwand herausgliedert, setzt sich aus unzählig vielen Einzelstrahlen zusammen. Diese verweben sich für den Beobachter unmerkbar zur Gesamtgestalt des Regenbogens und sind jeweils ein winziger Teil des farbigen Strahlenkegels, welcher von jedem einzelnen Tropfen zurückflutet – dem Sonnenlichtstrom entgegen. Aber auch diese Vorstellung von der »Zusammensetzung« des Regenbogens umfaßt nicht die volle Wirklichkeit des Geschehens. Sie ist zu statisch, solange sie nicht berücksichtigt, daß infolge des Tropfenfalles alle dazugehörigen Farbenkegel fortwährend vom Himmel zur Erde herniedersinken. Deshalb sehen wir auch oben angeführten Einzelstrahl nur kurz aufleuchten; denn er wird bereits im nächsten Augenblick durch einen anderen ersetzt, ein Geschehen, das sich so lange wiederholt, als der Regenbogen gesehen werden kann. Auch hier tritt dessen eigenartige »Wechseldauer« zutage. Um so erstaunlicher darf den nicht reflektierenden, reinen Beobachter die ruhevolle Majestät der sich wölbenden Farbenbogengestalt anmuten, die sich zwar wie ein »Licht-Tausendfüßler« auf unzählige Einzelvorgänge beweglich abstützt, aber zugleich die ideelle Einheit ihres Wesens souverän offenbart.

Letzteres auf goetheanistisch-phänomenologische Weise zu erfassen und zugleich im Zusammenhang mit den verwandten Metamorphosengestalten im Gesamtlichtkleid der Erde zu erleben, war das eigentliche Anliegen dieser Studie.

Anmerkungen

1 *Walther Bühler*, Goethe in unserer Zeit. Hrsg. von der Naturwissenschaftlichen Sektion am Goetheanum. Hybernia-Verlag, Dornach/Basel 1949.
2 Merkur ist der auf- und niedersteigende, zwischen Göttern und Menschen vermittelnde Bote. Der Merkurprozeß der Alchimisten vermittelt als Repäsentant des Flüssigen zwischen dem Festen (Sal) und dem Feurigen (Sulfur).
3 *Rudolf Steiner*, Grenzen der Naturerkenntnis. Vortrag vom 3.10.1920. GA 322, 5. Aufl. Rudolf Steiner Verlag, Dornach 1981.
4 Für eine genauere Betrachtung erweist sich das gleichmäßig erscheinende Himmelsgewölbe als innerlich differenzierte, durchstrukturierte Ganzheit, welche sich mit dem Sonnenstand gesetzmäßig wandelt. Diese Strukturierung ist durch die sogenannte Polarisation des Sonnenlichtes bedingt. Diese ermöglicht den Bienen, sich im Raume zu orientieren. Aber auch das Menschenauge vermag unter bestimmten Bedingungen diese Strukturierung in Form des Heidingerschen Büschels uns zum Bewußtsein zu bringen. Die damit verbundenen Phänomene hat Dr. M. Howald-Haller benutzt, um eine »sonnenweisende Polarisationsuhr« zu konstruieren, die ostwärts hinter dem Goetheanum in Dornach/Schweiz aufgestellt ist. Dieser, in seiner Art einzigartige »ätherische Sonnenweiser«, zeigt beim Durchblick in eine zum Polarstern ausgerichtete Groß-Linse in farbigen Ringstreifen den jeweiligen Sonnenstand an (siehe auch *Prodromos,* herausgegeben von der Naturwissenschaftlichen Sektion am Goetheanum).
5 *Rudolf Steiner*, Der Pfingstgedanke als Empfindungsgrundlage zum Begreifen des Karma. Vortrag vom 4.6.1924. 4. Aufl., Rudolf Steiner Verlag, Dornach 1980.
6 *Rudolf Steiner*, Die giestigen Wesenheiten in den Himmelskörpern und Naturreichen. Vortrag vom 3.4.1912. GA 136, 4. Aufl., Rudolf Steiner Verlag, Dornach 1974.
7 *Rudolf Steiner*, Die Ätherisation des Blutes. Vortrag vom 1.10.1911. 6. Aufl., Rudolf Steiner Verlag, Dornach 1980.
8 *Johann Müller-Pouillets*, Lehrbuch der Physik. In 5 Bd., 11. Aufl., Vieweg Verlag, Braunschweig 1925 ff.

9 *Rudolf Cantz*, Elektrischer Funke und Blitz. Elemente der Naturwissenschaft 12, 1970/1, Dornach.

10 Es handelt sich dabei um die atypischen, an Wetterfronten gebundenen Wirbelgewitter.

11 *J. W. v. Goethe*, Naturwissenschaftliche Schriften, Bd. 1, Über die Spiraltendenz der Vegetation.

12 *Guenther Wachsmuth*, Erde und Mensch – ihre Bildekräfte, Rhythmen und Lebensprozesse, Bd. 1. 4. Aufl., Philosophisch-Anthroposophischer Verlag, Dornach 1980.

13 Bei rot untergehender Sonne hat auch der Regenbogen nur noch rote Farbigkeit.

14 Zitiert nach *Ignaz Ježower*, Das Buch der Träume. Rowohlt Verlag, Berlin 1928, Seite 45.

15 *Rudolf Meyer*, Die Haloerscheinungen. H. Grand Verlag, Hamburg 1929.

16 *Joseph M. Pernter*, Metereologische Optik. Verlag Braumüller, Wien 1902.

17 Die beim Ein- und Austritt durch die Lichtbrechung entstehende spektrale Auffächerung in die Farbigkeit ist der Einfachheit halber nicht aufgezeichnet. Der Strahlengang entspricht lediglich dem in roter Farbe austretenden Strahl. Auch sehen wir hier von weiteren Komplikationen, die durch Interferenzeffekte und Beugungsgesetze eintreten und erst eine ganz exakte Theorie der Bildung aller Phänomene des Regenbogens ermöglichen, ab.

Ergänzende Literatur

Bühler, Walther, Geistige Hintergründe der Kalenderordnung. 2. Aufl., Verlag Urachhaus, Stuttgart 1978.

Hoerner, Wilhelm, Zeit und Rhythmus. Die Ordnungsgesetze der Erde und des Menschen. Verlag Urachhaus, Stuttgart 1978.

Goethe

Zum Thema: Goethe
Von Sigmund Freud,
Hugo von Hofmannsthal,
Thomas Mann, Stefan Zweig
und Franz Kafka
Band 5716

Unterschiedliche Temperamente – in diesem Band berühmte Autoren des S. Fischer Verlages – versuchen sich Goethe zu nähern. »Wir alle, die wir Goethe verehren, lassen uns doch ohne viel Sträuben die Bemühungen der Biographen gefallen, die sein Leben aus den vorhandenen Berichten und Aufzeichnungen wiederherstellen wollen. Was aber sollen uns diese Biographien leisten? Auch die beste und vollständigste könnte die beiden Fragen nicht beantworten, die allein wissenswert erscheinen. Sie würde das Rätsel der wunderbaren Begabung nicht aufklären, die den Künstler macht, und sie könnte uns nicht helfen, den Wert und die Wirkung seiner Werke zu erfassen«, sagt Sigmund Freud in seiner Goethepreis-Rede 1930.

Friedrich Hiebel
Goethe
Die Erhöhung des Menschen
Band 5517

Goethe wird in diesem Buch dargestellt als der Prototyp des modernen Menschen, der es wie kaum einer nach ihm verstanden hat, aus den Gefährdungen seines Lebens, das Prinzip der Steigerung zu gewinnen. Alles, was er als Dichter, Naturforscher erreicht hat, verdankt er dieser Fähigkeit, die er sich durch »anschauende Urteilskraft« erworben hat.

Ernst Johann
Unziemliche Sachen
Aus dem »Geheimen Archiv« eines gewissen Herrn von G. Mit ziemlich unziemlichen Zeichnungen von Elfriede Sternkopf
Band 2493

Goethe, der Klassiker und Dichterfürst, hat im Laufe seines langen Lebens nicht nur ziemliches, ja drastisch eindeutiges zu Papier gebracht, wobei das Götz-Zitat zum Harmlosen gehört. Die »wunderlichsten Produktionen« finden sich hier versammelt, von Ernst Johann aufs geistvollste kommentiert.

Fischer Taschenbuch Verlag

Perspektiven der Anthroposophie

Erhard Fucke
Lernziel: Handeln können
Erfahrungen und Überlegungen zu einem erweiterten Bildungskonzept. Band 5501

Frans Carlgren
Erziehung zur Freiheit
Die Pädagogik Rudolf Steiners. Berichte aus der internationalen Waldorfschulbewegung
Band 5502

Rudolf Frieling
Christentum und Islam
Der Geisteskampf um das Menschenbild. Band 5503

Rudolf Meyer
Die Weisheit der deutschen Volksmärchen. Band 5505

Emil Bock
Wiederholte Erdenleben
Die Wiederverkörperungsidee der deutschen Geistesgeschichte
Band 5506

Karl König
Die ersten drei Jahre des Kindes
Erwerb des aufrechten Ganges
Erlernen der Muttersprache
Erwachen des Denkens
Band 5507

Johannes Hemleben
Das haben wir nicht gewollt
Sinn und Tragik der Naturwissenschaft
Band 5508

Hermann Poppelbaum
Mensch und Tier
Fünf Einblicke in ihren Wesensunterschied
Band 5509

Friedrich Husemann
Vom Bild und Sinn des Todes
Geschichte, Physiologie und Psychologie des Todesproblems
Band 5510

Alfred Schütze
Das Rätsel des Bösen
Band 5511

Ehrenfried Pfeiffer/Erika Riese
Der erfreuliche Pflanzgarten
Anleitung zur Gartenpflege nach der biologisch-dynamischen Wirtschaftsweise
Band 5512

Walter Abendroth
Rudolf Steiner und die heutige Welt
Ein Beitrag zur Diskussion um die menschliche Zukunft
Band 5513

Friedrich Hiebel
Goethe.
Die Erhöhung des Menschen
Perspektiven einer morphologischen Lebensschau
Band 5517